なぜ？ どうして？

身《み》近《ぢか》なぎもん 6年生

総合監修 三田大樹

Gakken

もくじ

？ なぜ？どうして？とっておきのぎもん

7 【外来種《がいらいしゅ》】アメリカザリガニなどの外来種《がいらいしゅ》は、どうやって日本に来たの？

11 【AI《エーアイ》】AI《エーアイ》って、どうやってかしこくなっていくの？

生活の、なぜ？どうして？①

16 【食事《しょくじ》】一日三食になったのは、いつから？

21 【お茶】緑茶《りょくちゃ》もウーロン茶も紅茶《こうちゃ》も、もとは同じってほんとう？

24 【ホットドッグ】ホットドッグは、イヌ（ドッグ）と関係《かんけい》があるの？

28 【ドラキュラ】ドラキュラは、ほんとうにいたの？

33 【時間】どうして、一時間は六十分なの？

37 【使《つか》いすてカイロ】使《つか》いすてカイロは、どうして温《あたた》かくなるの？

41 【星占《ほしうらな》い】どうして、星占《ほしうらな》いはできたの？

44 

未来《みらい》がわかるかも?! 自分でできる三つの占《うらな》い

生活の、なぜ？どうして？②

48 【LED《エルイーディー》電球《でんきゅう》】LED《エルイーディー》電球《でんきゅう》って、何？

52 【VR《ブイアール》】VR《ブイアール》って、どんなことに使《つか》われるの？

55 【タッチパネル】タッチパネルは、どうして反応《はんのう》するの？

58 【言葉《ことば》】外国と日本では、どうして言葉《ことば》がちがうの？

62 【自然《しぜん》エネルギー】自然《しぜん》エネルギーには、どんなものがあるの？

66 【きんきゅう地震速報《じしんそくほう》】地震《じしん》がくる直前《ちょくぜん》に、きんきゅう地震速報《じしんそくほう》が流《なが》れるのは、どうして？

70 【放射能《ほうしゃのう》】放射能《ほうしゃのう》って、何？

74 知ってびっくり!! 放射線《ほうしゃせん》の、人体へのえいきょうを研究《けんきゅう》した科学者《かがくしゃ》 シーベルト物語《ものがたり》

からだの、なぜ？どうして？

80 【視力検査《しりょくけんさ》】視力検査《しりょくけんさ》では、どうして「C《シー》」のマークを使《つか》うの？

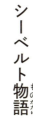

84 【寿命《じゅみょう》】昔《むかし》の人は、どうして今より寿命《じゅみょう》が短《みじか》かったの？
88 【ストレス】ストレスがたまると、どうなるの？
92 【大声】大声を出すと、力が出るって、ほんとう？
96 【赤ちゃん】人間の赤ちゃんが、生まれてすぐに立てないのは、なぜ？
100 【ビタミン】ビタミンは、なぜ必要《ひつよう》なの？
104 【化粧《けしょう》】お化粧《けしょう》は、はだにいいの、よくないの？
108 

皮《ひ》ふのことを知って、ぴっかぴかおはだに！

国・社会の、なぜ？どうして？

112 【選挙《せんきょ》】小学生は、なぜ議員《ぎいん》を選《えら》ぶ選挙《せんきょ》に参加《さんか》できないの？
116 【大統領《だいとうりょう》】日本には、どうして大統領《だいとうりょう》がいないの？
119 【銀行《ぎんこう》】銀行《ぎんこう》に預《あず》けたお金は、どうなるの？
123 【消費税《しょうひぜい》】物《もの》を買ったとき、どうして消費税《しょうひぜい》をはらうの？

127 【裁判員制度《さいばんいんせいど》】「裁判員制度《さいばんいんせいど》」って、何？

131 【赤十字《せきじゅうじ》】「赤十字《せきじゅうじ》」って、どんな活動《かつどう》をしているところ？

135 【世界遺産《せかいいさん》】世界遺産《せかいいさん》って、いつ、どうして始《はじ》まったの？

138 知ってびっくり!! 感動《かんどう》の世界遺産大集合《せかいいさんだいしゅうごう》！

スポーツの、なぜ？どうして？

144 【練習《れんしゅう》】スキーやスケートの選手《せんしゅ》は、夏の間、どうやって練習《れんしゅう》をしているの？

148 【変化球《へんかきゅう》】野球《やきゅう》で、カーブやフォークボールは、どうして変化《へんか》するの？

152 【ストレッチ】スポーツをする前に、どうしてストレッチをするの？

156 【オフサイド】サッカーには、どうしてオフサイドのルールがあるの？

160 【駅伝《えきでん》】駅伝《えきでん》は、いつから始《はじ》まったの？

163 【ドーピング】なぜ、ドーピングは禁止《きんし》されているの？

167 知ってびっくり!! 陸上競技《りくじょうきょうぎ》と競泳《きょうえい》の、びっくり世界記録《せかいきろく》

生《い》き物《もの》・自然《しぜん》の、なぜ？ どうして？

172 【絶滅《ぜつめつ》】絶滅《ぜつめつ》しそうな生《い》き物《もの》を、助《たす》ける方法《ほうほう》はあるの？

176 【魚の耳】魚の耳は、どこにあるの？

180 【サケ】サケは、どうやって生まれた川に、もどってくるの？

184 【ハト】ハトはお乳《ちち》で子育《こそだ》てするって、ほんとう？

188 【バクテリアとウイルス】バクテリアとウイルスは、どうちがうの？

193 【宇宙《うちゅう》】太陽《たいよう》が照《て》っているのに、宇宙《うちゅう》はなぜ暗《くら》いの？

197 もっと知りたいきみへ

198 おうちの方へ…… 総合監修／三田大樹

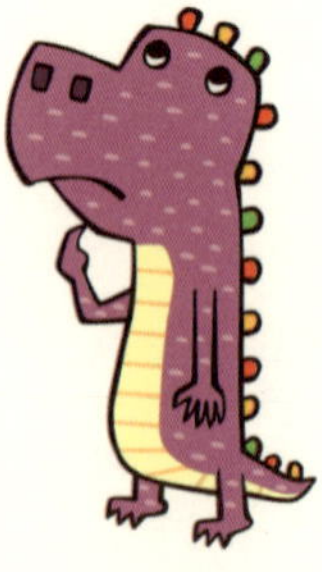

なぜ？どうして？
とっておきのぎもん 1

アメリカザリガニなどの外来種《がいらいしゅ》は、どうやって日本に来たの？

文・渋谷典子　絵・後藤範行

アメリカから食用ガエルのえさとして輸入《ゆにゅう》されたアメリカザリガニや、ヨーロッパから家畜《かちく》のえさとして入ってきたセイヨウタンポポ……。それらが野生化《やせいか》して増《ふ》え、わたしたちの身近《みぢか》なところでも、いろいろな「外来種《がいらいしゅ》」が見られます。

外来種《がいらいしゅ》とは、もともとその国や地域《ちいき》には存在《そんざい》しなかったのに、ほかの国や地域《ちいき》から人の活動《かつどう》によって持《も》ちこまれた、動物《どうぶつ》や虫、植物《しょくぶつ》のことです。現在《げんざい》、日本国内に生息《せいそく》している外来種《がいらいしゅ》は約《やく》二千種《しゅ》ですが、そのほとんどが、人や物《もの》の行き来が活発《かっぱつ》になった明治時代以降《めいじじだいいこう》に入ってきたものです。

外国から輸入《ゆにゅう》された木材《もくざい》や家具《かぐ》に、植物《しょくぶつ》の種《たね》や虫がくっついて入ってきたり、食用や観賞用《かんしょうよう》、農業用《のうぎょうよう》、ペットとして輸入《ゆにゅう》されたりなど、外来種《がいらいしゅ》が日本に入ってきた理由《りゆう》はさまざまですが、困《こま》った問題《もんだい》が出てきました。

外来種《がいらいしゅ》によって、日本でもともと育《そだ》っていた植物《しょくぶつ》や虫、動物《どうぶつ》が食べられたり、すみかや食《た》べ物《もの》をうばわれたり、さらに新しく雑種《ざっしゅ》が生まれてもとの種《しゅ》が絶滅《ぜつめつ》するかもしれない、といった生態系《せいたいけい》をこわす問題《もんだい》です。

また、農作物《のうさくぶつ》をあらす、人をかむ、病原菌《びょうげんきん》を運《はこ》ぶなど、わたしたちの暮《く》らしをおびやかすこともあります。

アメリカザリガニ

例《たと》えばマングースは、明治時代《めいじじだい》の一九一〇年に、猛《もう》毒《どく》を持《も》つハブを駆除《くじょ》する目的《もくてき》で、インドから沖縄《おきなわ》に輸《ゆ》入《にゅう》され、野山に放《はな》たれました。ところが、ハブの天敵《てんてき》とはならず、もともと生息《せいそく》していた貴重《きちょう》な鳥や小動物《しょうどうぶつ》などを食べて生態系《せいたいけい》を乱《みだ》し、農家《のうか》のニワトリや、バナナ、マンゴーなどの農作物《のうさくぶつ》にも被害《ひがい》をおよぼす、という結果《けっか》になったのです。

また、危険《きけん》な病原菌《びょうげんきん》をまきちらすこともわかりました。現在《げんざい》、環境省《かんきょうしょう》は、「特定外来生物《とくていがいらいせいぶつ》」に指定《してい》して駆除《くじょ》を進《すす》めていますが、一度定着《いちどていちゃく》して増《ふ》えてしまった外来種《がいらいしゅ》をなくして、もとの生態系《せいたいけい》を取《と》りもどすことは、とても難《むずか》しいことなのです。

また、ミシシッピアカミミガメは、一九五〇年代《ねんだい》後半から、ペット用にア

マングース

メリカから輸入《ゆにゅう》されてきました。

ミドリガメという名前で、お祭《まつ》りなどで売られていたこともあります。小さいときは手のひらにのるサイズですが、成長《せいちょう》すると緑色《みどりいろ》だったこうらが茶色に変《か》わり、どんどん大きくなります。そうなると、家庭《かてい》で飼《か》うことは難《むずか》しくなり、池《いけ》や川などに捨《す》てられて、水辺《みずべ》の生態系《せいたいけい》を変《か》えてしまったり、レンコンの新芽《しんめ》を食べるなど農業《のうぎょう》にも被害《ひがい》をおよぼしたりするようになるのです。

そこで、二〇一五年には、環境省《かんきょうしょう》と農林水産省《のうりんすいさんしょう》が、ミシシッピアカミミガメを「緊急対策外来種《きんきゅうたいさくがいらいしゅ》」に指定《してい》しました。家で飼《か》っているカメを捨《す》てないよう呼《よ》びかけたり、捕獲《ほかく》や輸入禁止《ゆにゅうきんし》といった対策《たいさく》を進《すす》めたりしています。

ミシシッピアカミミガメ

なぜ？どうして？
とっておきのぎもん 2

AI《エーアイ》って、どうやってかしこくなっていくの？

文・鎌田達也（グループ・コロンブス）　絵・後藤範行

最近《さいきん》、ロボットなどの先端《せんたん》技術《ぎじゅつ》の分野で、よく「AI《エーアイ》」という言葉《ことば》を耳にしませんか。AI《エーアイ》とは、英語《えいご》の「Artificial《アーティフィシャル》 Intelligence《インテリジェンス》」の頭文字をとった言葉《ことば》で、日本語《ご》では「人工知能《じんこうちのう》」と訳《やく》されます。

コンピュータとAI《エーアイ》は似《に》ているように思われますが、根本的《こんぽんてき》なちがいがあります。コンピュータは、人間が計算の手順《てじゅん》（プログラム）を指示《しじ》することによって働《はたら》きます。一秒間《びょうかん》に一億《おく》×一億回《おくかい》もの計算ができるというスーパーコンピュータも、人間のプログラムがあってはじめて力を発揮《はっき》するのです。

しかし、ＡＩ《エーアイ》は、例《たと》えばあたえられた問題《もんだい》を解《と》くように命令《めいれい》されれば、人間が方法《ほうほう》を指《し》示《じ》したり、プログラムしたりしなくても、必《ひつ》要《よう》と思われるデータを自分で集《あつ》め、もっとも効率《こうりつ》のよい方法《ほうほう》を見つけだして実行《じっこう》します。

二〇一七年に、ＡＩ《エーアイ》の囲碁《いご》ソフトがトップ棋士《きし》を破《やぶ》り、話題《わだい》になりました。プロデビューから快進撃《かいしんげき》を続《つづ》けている将棋《しょうぎ》の藤井聡《ふじいそう》太《た》棋士《きし》も、ＡＩ《エーアイ》の将棋《しょうぎ》ソフトを活用して力をつけたといいます。

AI《エーアイ》はなぜこんなに強いのでしょう。それは、囲碁《いご》にしても将棋《しょうぎ》にしても、これまでのぼう大な対戦《たいせん》のデータをすぐに取《と》りだせるからです。対戦中《たいせんちゅう》のいろいろな局面《きょくめん》ごとに、その後の勝負《しょうぶ》の流《なが》れを自分の引き出しの中から引っぱりだして瞬時《しゅんじ》に当てはめているのです。

こうしたことが可能《かのう》なのは、「クラウド」があるからです。クラウドとは、インターネットなどを通じて、いろいろなソフトやデータ、画像《がぞう》や映像《えいぞう》などをいつでも引きだせるようにしたサービスです。

クラウドとAI《エーアイ》を知る上でよく例《れい》にされるのが、ネコの画像認識《がぞうにんしき》です。目の前にネコがいたら、人間は無意識《むいしき》に「ネコがいる」と認識《にんしき》します。ところがAI《エーアイ》にはこのような能力《のうりょく》はなく、①ひげがある ②耳が三角だ……などの目の前のものの観察結果《かんさつけっか》をクラウドの画像《がぞう》に照《て》らしあわせ、ネコである確率《かくりつ》がある程度以上《ていどいじょう》高くなったところで「ネコだ」と判断《はんだん》します。

一度《いちど》見分けた画像《がぞう》はAI《エーアイ》の頭脳《ずのう》にたくわえられますから、AI《エーアイ》はものを見た数だけ、どんどんかしこくなります。また、耳が三角でないネコを見ても、クラウドでそういう種類《しゅるい》のネコがいることを知り、これもネコだと学習《がくしゅう》します。こうしたことをくりかえして、AI《エーアイ》は自分で知識《ちしき》の引き出しを増《ふ》やします。これが深層学習《しんそうがくしゅう》（ディープ・ラーニング）という、AI《エーアイ》の特《とく》ちょうの一つです。

ぼう大なデータからすぐに必要《ひつよう》な情報《じょうほう》を取《と》りだすこうした力は、さまざまな患者《かんじゃ》の例《れい》から病名《びょうめい》を導《みちび》きだす医療《いりょう》の分野などでも活用が期待《きたい》されています。

生活の、なぜ？ どうして？①

文・メルプランニング（16 ～ 20・24 ～ 40 ページ）
渋谷典子（21 ～ 23 ページ）
絵・後藤範行

一日三食になったのは、いつから？

日本人が一日三回、食事《しょくじ》をするようになったのは、三百年から四百年ぐらい前からのことでした。それ以前《いぜん》は、どうしていたのでしょうか。
大昔《おおむかし》、人間は、おなかがすいたら食べるという生活をしていました。しかし、いつも食《た》べ物《もの》があるわけではありません。えものがとれずに、空腹《くうふく》に苦《くる》しんだことも多かったことでしょう。
日本では、一万年ぐらい前の縄文時代《じょうもんじだい》になると、木《き》の実《み》などをたくさん食べるようになり、食生活が豊《ゆた》かになりました。土器《どき》と火を使《つか》って料理《りょうり》をし、家族《かぞく》などが集《あつ》まって食事《しょくじ》をするようになりました。そのために、おなかがすいたら食べるのではなく、みんないっしょに、ある程度《ていど》、規則《きそく》正しく食事《しょくじ》をしたようです。でも、一日何食だったかは、わかっていません。

およそ千三百年前の奈良時代《ならじだい》になると、都《みやこ》の平城京《へいじょうきょう》（現在《げんざい》の奈良市《ならし》）の住《じゅう》民《みん》たちは、一日二食がふつうでした。朝食と夕食の二食で、夕食は暗《くら》くなる前に食べていたようです。一般《いっぱん》の人びとは、玄米《げんまい》やアワなどの主食《しゅしょく》に、野菜《やさい》の汁《しる》もの、それに塩《しお》といった、簡単《かんたん》な食事《しょくじ》でした。いっぽう、貴族《きぞく》は焼《や》き魚《ざかな》や、カモ肉《にく》の汁物《しるもの》など、何皿《なんさら》ものおかずがある、ぜいたくな食事《しょくじ》をしていました。

それから、千年の間は、一日二食の習慣《しゅうかん》が続《つづ》きました。

でも、二食では、おなかがすいて、困《こま》ることはなかったのでしょうか。

実《じつ》は、昔《むかし》の人も困《こま》ったのです。特《とく》に、農作業《のうさぎょう》や工事《こうじ》などで、激《はげ》しい労働《ろうどう》をするときは困《こま》りました。そんなときは仕事《しごと》を中断《ちゅうだん》して、簡単《かんたん》な食事《しょくじ》をとりました。これを「間食《かんじき》」や「中食《ちゅうじき》」といいます。

初《はじ》めのころは、間食《かんじき》を食べることは、はずかしいこと、悪《わる》いことだと考える人もいました。

千年ぐらい前の平安時代《へいあんじだい》の清少納言《せいしょうなごん》という女性《じょせい》作家は、『枕草子《まくらのそうし》』という有名《ゆうめい》な書物《しょもつ》に「大工さんたちの食事《しょくじ》の様子《ようす》がおもしろい」と、書きのこしています。汁物《しるもの》、おかず、ご飯《はん》と、あっという間に食べてしまうところを見て、「せっかくの食《しょく》事《じ》がもったいないのかしら」と思ったそうで

す。おそらく、これが「間食《かんじき》」だったのでしょう。

やがて、天皇《てんのう》をはじめ身分《みぶん》の高い貴族《きぞく》たちが「間食《かんじき》」をとることが当たり前になっていきました。八百年ぐらいの前の朝廷《ちょうてい》は、朝夕の二食から朝昼夜の三食に変《か》わったと記録《きろく》されています。

ただし、武士《ぶし》や一般《いっぱん》の人びとは一日二食の暮《く》らしを続《つづ》けていました。「間《かん》食《じき》」が、「昼飯《ひるめし》」と呼《よ》ばれる、ふつうの食事《しょくじ》になり、だれにとっても、一日三食が当たり前になったのは、三百年ぐらい前の江戸時代《えどじだい》中ごろのことでした。

では、なぜ、二食から三食に変《か》わったのでしょうか。

その理由《りゆう》の一つは、農業《のうぎょう》や漁業《ぎょぎょう》が発展《はってん》し、食《た》べ物《もの》が豊富《ほうふ》になったことにあります。でも、理由《りゆう》はそれだけではありません。

人びとの働《はたら》く時間がぐんと長くなったのです。それまでは、日が暮《く》れるとすぐにねる人が多かったのに、江戸時代《えどじだい》は、明かりをつけて、夜も起《お》きている時間が長くなってきました。どうやら、夜明けとともに起《お》きだして、夜は午後十時ぐらいまで起《お》きていたようです。

こうなると、二食だけではおなかがすいて、たまりません。

人びとは弁当《べんとう》を持参《じさん》するなどして昼飯《ひるめし》を食べ、夕飯《ゆうはん》は、日が暮《く》れて明かりがともるころに食べるようになりました。

こうして一日三食が、日本人の習慣《しゅうかん》になりました。

緑茶《りょくちゃ》もウーロン茶も紅茶《こうちゃ》も、もとは同じってほんとう？

緑茶《りょくちゃ》とウーロン茶と紅茶《こうちゃ》。色も味《あじ》もまったくちがいますが、実《じつ》はどれも同じ「茶の木」の葉《は》っぱをつんで作られています。ところが、お茶にする工程《こうてい》のちがいによって、まったくちがう味《あじ》わいのお茶ができるのです。

日本で伝統的《でんとうてき》に飲《の》まれている緑茶《りょくちゃ》は、「不発酵茶《ふはっこうちゃ》」といって、発酵《はっこう》させないで作るお茶です。お茶の発酵《はっこう》とは、葉《は》っぱにふくまれるカテキンという成《せい》分《ぶん》が酸化《さんか》という化学反応《かがくはんのう》を起《お》こし、色や香《かお》りが変化《へんか》することをいいます。茶《ちゃ》葉《ば》は、つみとってそのまま置《お》いておくと、自然《しぜん》に発酵《はっこう》していきます。緑茶《りょくちゃ》を作るときには、つみたての緑色《みどりいろ》の茶葉《ちゃば》の色を保《たも》つために、発酵《はっこう》が行われないよう、むして加熱《かねつ》するのです。

中国《ちゅうごく》で生産《せいさん》が始《はじ》まったウーロン茶は、「半発酵茶《はんはっこうちゃ》」といわれ、緑色《みどりいろ》の茶葉《ちゃば》を少し発酵《はっこう》させて作るお茶です。つみとった茶葉《ちゃば》が発酵《はっこう》していくとちゅうで加熱《かねつ》し、発酵《はっこう》を止めます。いって加熱《かねつ》するので、茶葉《ちゃば》はこげ茶色になります。

紅茶《こうちゃ》は「完全発酵茶《かんぜんはっこうちゃ》」といい、ウーロン茶よりもっとしっかりと発酵《はっこう》させてから、乾燥《かんそう》させて作るお茶です。紅茶《こうちゃ》にお湯《ゆ》を注《そそ》ぐと、赤茶色に発酵《はっこう》した茶葉《ちゃば》の色が出てきて、赤茶色のお茶になります。

世界《せかい》で最《もっと》も多く飲《の》まれているのは紅茶《こうちゃ》で、お茶の約《やく》八割《わり》が紅茶《こうちゃ》だといわれています。紅茶《こうちゃ》は、一七〇〇年代《ねんだい》に、輸出《ゆしゅつ》する目的《もくてき》で、イギリス人の口に合《あ》うよう、中国《ちゅうごく》で開発《かいはつ》されました。

一八〇〇年代《ねんだい》には、インドの「ダージリン」や「アッサム」、さらに「セイロン（現在《げんざい》のスリランカ）」でも茶の木の栽培《さいばい》が始《はじ》まり、作った産地《さんち》の名前が、そのまま紅茶《こうちゃ》の銘柄《めいがら》となりました。もとは同じ茶の木の葉《は》っぱなのですが、産地《さんち》の風土、栽培《さいばい》技術《ぎじゅつ》、紅茶《こうちゃ》を発酵《はっこう》させる技術《ぎじゅつ》のちがいによって、味《あじ》や香《かお》りに個性《こせい》が出て、それぞれ人気の紅茶《こうちゃ》となっています。また、茶の木の枝《えだ》のどの部分《ぶぶん》の葉《は》っぱを使《つか》うか、いつつみとるかによっても、ちがう味《あじ》わいが楽しめます。

緑茶《りょくちゃ》やウーロン茶も紅茶《こうちゃ》と同じで、栽培《さいばい》される地域《ちいき》や品種《ひんしゅ》、樹齢《じゅれい》、栽培《さいばい》技術《ぎじゅつ》、つみとりの時期《じき》などによって茶葉《ちゃば》にふくまれる成分《せいぶん》も変《か》わり、味《あじ》わいに特色《とくしょく》が出るのです。

ホットドッグは、イヌ（ドッグ）と関係《かんけい》があるの？

ホットドッグをほおばると、細長いパンにはさまれた、熱《あつ》あつのソーセージがプチンとはじけ、肉汁《にくじゅう》がしみだしてきて、なんともおいしいですね。

ホットドッグは、そのまま日本語にすると「熱《あつ》いイヌ」となります。でも、どこから見てもイヌには見えません。では、なぜホットドッグという名前になったのでしょうか。

ホットドッグが生まれたのは、アメリカです。そして、ホットドッグの主《しゅ》役《やく》は細長いソーセージです。

ソーセージの本場はドイツですが、ドイツではもともとソーセージをパンの間にはさむ食べ方をあまりしません。けれど、アメリカでは、移住《いじゅう》してきたドイツ人から、この食べ方が広まっていきました。きっと、立ったままでも食べられる気軽《きがる》なところが、アメリカの生活に合っていたのでしょう。ニューヨークにこのようなパンを売る屋台《やたい》が登場《とうじょう》し、同じようなお店がどんどん増《ふ》えていきました。

中でも人気を呼《よ》んだのが野球場《やきゅうじょう》の売店です。映画館《えいがかん》でポップコーンを食べる人が多いように、野球場《やきゅうじょう》ではソーセージをはさんだパンを食べることが当たり前のようになっていきました。

初《はじ》めは、このソーセージのことをドイツの都市《とし》の一つである「フランクフルト」にちなんで「フランクフルター・ソーセージ」といいましたが、だれかが「ダックスフント・ソーセージ」と、呼《よ》びはじめました。ダックスフントは、短《みじか》いあしと長い胴体《どうたい》が特ちょうのイヌです。きっと、細長いソーセージと、姿《すがた》が似《に》ていることから連想《れんそう》したのでしょう。

そして、そのダックスフント・ソーセージを熱《あつ》あつにしてパンにはさんであるので、それを見ただれかが「ホットドッグ」と呼《よ》びはじめたのではないでしょうか。

その「ホットドッグ」という呼《よ》び方がとても気に入られて、広まっていったということです。

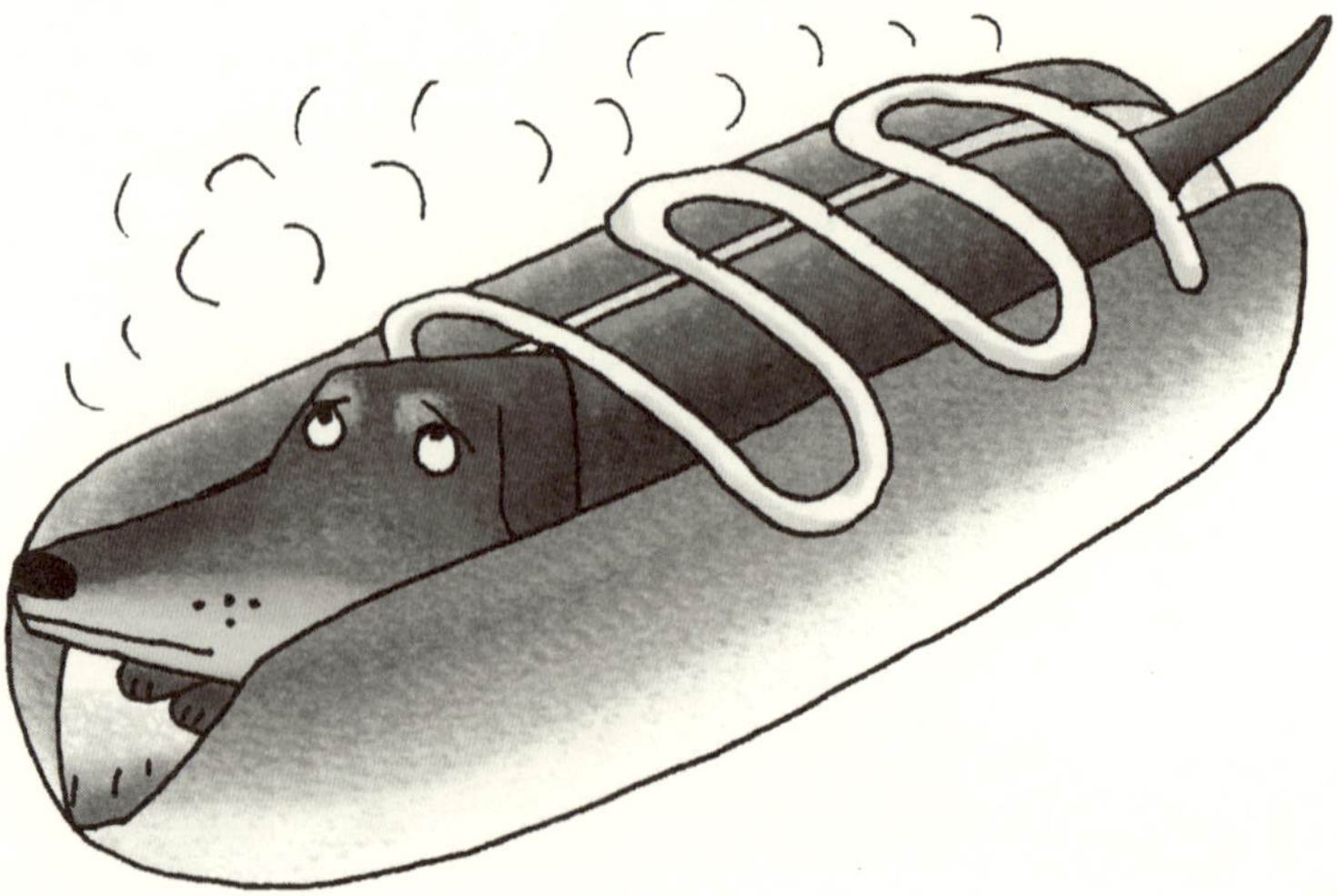

今、アメリカ人は一年間に、平均《へいきん》一人八十本のホットドッグを食べるそうです。庭《にわ》でのバーベキューやスポーツ観戦《かんせん》には、ホットドッグは欠《か》かせません。アメリカで「ドッグ」といったら、ソーセージを指《さ》していることが多いのです。

だから、アメリカを訪《おとず》れたときに、「バーベキュー ドッグズ*（イヌを焼《や》いて）」といわれても、実際《じっさい》、イヌを焼《や》くわけではないので、あわてないでくださいね。

*ドッグズ…英語《えいご》でイヌが一頭のときは「ドッグ」、二頭以上《いじょう》のときは「ドッグズ」といいます。

ドラキュラは、ほんとうにいたの？

ドラキュラは、ほんとうにいました。

かれの名前はブラド三世《せい》。東ヨーロッパの国、ルーマニアのワラキアという地方の領主《りょうしゅ》でした。人びとは、ブラド三世《せい》のことを「ブラド・ドラキュラ」、あるいは「ブラド・ツェペシュ」と、呼《よ》んでいました。

ドラキュラはルーマニア語で、その意味《いみ》は「ドラゴンの子」。するどいつめときばを持《も》ち、つばさを広げて空を飛《と》ぶドラゴンは、ときには口から炎《ほのお》をはく伝説上《でんせつじょう》の動物《どうぶつ》です。

ブラド三世《せい》が生きていた十五世紀《せいき》、東ヨーロッパは、トルコ人が建国《けんこく》したオスマン帝国《ていこく》に、何度《なんど》もせめこまれていました。子どものころ、オスマン帝国《ていこく》の人質《ひとじち》になったこともあるブラド三世《せい》は、暗殺《あんさつ》された父に代《か》わってワラキアの領主《りょうしゅ》になり、戦争《せんそう》にあけくれました。

ブラド三世《せい》は、裏切《うらぎ》り者《もの》や敵《てき》に対《たい》しては冷《つめ》たくて残忍《ざんにん》でした。そんな行動《こうどう》から「ドラキュラ」と呼《よ》ばれるようになったのです。容《よう》しゃなく、くしざしの刑《けい》を命《めい》じ、戦争《せんそう》に勝利《しょうり》したあとは、林のように、敵兵《てきへい》のくしざしが

並《なら》びました。くしざしのことをルーマニア語では「ツェペシュ」といいます。これが、ブラド三世《せい》のもう一つの名前のいわれです。

このように、ほんとうに、ドラキュラはいました。しかし、そのドラキュラは、映画《えいが》や物語《ものがたり》に出てくるような吸血鬼《きゅうけつき》だったかどうか……。

その答えは「ノー」です。

四百年後、ドラキュラを吸血鬼《きゅうけつき》の名前と結《むす》びつけたのは、イギリスの作家ブラム・ストーカーです。ストーカーは、ブラド三世《せい》についての本を読み、想像《そうぞう》をふくらませて、一八九七年に、血《ち》を吸《す》う貴族《きぞく》が登場《とうじょう》する小説《しょうせつ》を書きました。その本のタイトルは、ずばり『ドラキュラ』。

吸血鬼《きゅうけつき》がロンドンに現《あらわ》れて、夜になるとひつぎからよみがえり、人の血《ち》を吸《す》い、血《ち》を吸《す》いつくされて死《し》んだ人が、次《つぎ》つぎと吸血鬼《きゅうけつき》になってしまうというこわい小説《しょうせつ》です。

でも、「こわいけれど、読まずにはいられない」という、たくさんの人が小説《しょうせつ》を買いました。ロンドンではドラキュラの芝居《しばい》も上演《じょうえん》されました。これもとてもこわくて、評判《ひょうばん》になりました。

二十世紀《せいき》になると、小説《しょうせつ》をもとにした映画《えいが》がアメリカで作《つく》られました。そして、映画《えいが》を見た世界中《せかいじゅう》の人が、ドラキュラといえば吸血《きゅうけつ》鬼《き》を思いうかべるようになったのです。

では、吸血鬼《きゅうけつき》はほんとうにいるのでしょうか。

世界《せかい》のあちらこちらに、吸血鬼《きゅうけつき》の伝説《でんせつ》があ

ります。特《とく》に東ヨーロッパからロシアにかけての地方では伝説《でんせつ》が多く、おそれられていました。

いい伝《つた》えだけでなく、一七三〇年ごろの東ヨーロッパの記録《きろく》には、死者《ししゃ》が墓地《ぼち》からよみがえり、ねむっている人をおそう事件《じけん》があったと書かれています。吸血鬼《きゅうけつき》が現《あらわ》れた村は、きょうふのあまりパニックになりました。

実際《じっさい》には、こうした事件《じけん》は迷信《めいしん》から生まれたものでした。しかし、死《し》ぬまぎわの人が「死《し》んだ〇〇が、吸血鬼《きゅうけつき》になっておそってきた」と、いいのこしたことがあり、それが、人びとの不安《ふあん》をあおったのです。

今は「吸血鬼《きゅうけつき》に会った」という人はあまりいません。「吸血鬼《きゅうけつき》はいるかもしれない」と思っている人も、ほとんどいません。おそらく、物語《ものがたり》や映画《えいが》、人びとの想像《そうぞう》の中にだけ、吸血鬼《きゅうけつき》はいるのでしょう。

どうして、一時間は六十分なの？

「一、二、三……」と数えて、十までいったら、次《つぎ》の数字はなんでしょう。十一ですね。これは、十をひとまとめにして数を数えるしくみで、「十進《じっしん》法《ほう》」といいます。ふだんわたしたちは、お金を計算したり、重《おも》さ、長さ、面《めん》積《せき》を測《はか》ったりするときなどに、十進法《じっしんほう》を使《つか》っています。でも、数を数えるしくみは、十進法《じっしんほう》だけではありません。えんぴつやジュースのびんなど、十二本で一ダースという数え方をすることがあります。これは十二進法《じゅうにしんほう》です。

今から約《やく》五千年前には、六十をひとまとめにして数を数える、六十進法《ろくじっしんほう》を考えだした人たちがいました。今のイラクという国のあたりにあった、都市《とし》国家《こっか》シュメールの人びとです。この六十進法《ろくじっしんほう》がシュメールからバビロニア王*国へと引きつがれ、それが伝《つた》わったギリシャでは、時間を計《はか》るときに六十進《ろくじっしん》法《ほう》を使《つか》いました。「六十分を一時間にする」と決《き》めたのは、約《やく》千八百年前のギリシャの人びとです。

シュメール人が六十進法《ろくじっしんほう》を使《つか》うようになったのは、六十が、いろいろな整《せい》数《すう》で割《わ》りきることができる数だからです。

六十を割《わ》りきることのできる整数《せいすう》は、なんでしょう。

一、二、三、四、五、六、十、十二、十五、二十、三十、六十です。全部《ぜんぶ》で十二個《こ》もあります。六十は、一から百までの整数《せいすう》の中で、最《もっと》も多くの整数《せいすう》で割《わ》りきることができる整数《せいすう》なのです。

物《もの》を分けるときに、割《わ》りきれる数字は便利《べんり》です。例《たと》えば王様《おうさま》からもらったほうびを分けるときにも、六十だと、三人で分けるなら二十個《こ》ずつ。四人で分けるなら十五個《こ》ずつ。六人で分けるときも、十二人で分けるときも、十五人で分けるときも、ぴたりと割《わ》りきることができます。

これが、十だとどうでしょう。十は、三や、四や、六で割《わ》ろうとすると、余《あま》りが出てしまいます。余《あま》りが出ると、あとでけんかになるかもしれません。だから、六十進法《ろくじっしんほう》がとても便利《べんり》だったのでしょう。

一日を二十四時間としたのは、古代《こだい》エジプトの人たちだと考えられています。

当時は、時間というものを、目に見える太陽《たいよう》の動《うご》

*バビロニア王国……現在《げんざい》のイラク南部《なんぶ》で、今から約《やく》四千年前の紀元前《きげんぜん》一八九四年から紀元前《きげんぜん》六五〇年まで続《つづ》いた王国。

きから考えていました。

古代エジプト人は、日時計を作って昼の太陽《たいよう》の動きを十に分割《ぶんかつ》して計り、日の出と日没《にちぼつ》を入れて昼間を十二時間としました。夜は、夜空に等間《とうかん》かくにならぶ三十六個の星が、およそ四十分おきに地平線から上るのを観察《かんさつ》して、夜間の十二時間を計ったようです。

十八世紀《せいき》の終《お》わりごろ、フランスでは時間を十進法《じっしんほう》に変《か》えて、一日を十時間、一時間を百分、一分を百秒《びょう》にしました。約《やく》十二年でもとにもどしましたが、もし世界中《せかいじゅう》で時間が十進法《じっしんほう》になっていたら、わたしたちの生活はどう変《か》わっていたでしょうね。

使《つか》いすてカイロは、どうして温《あたた》かくなるの？

からだを温《あたた》めるために、古くからいろりや火ばちで温《あたた》めた石、またはなべで熱《ねっ》した塩《しお》やぬかを布《ぬの》にくるみ、着物《きもの》と胸《むね》の間に入れることがありました。これを「焼石《やきいし》」や「温石《おんじゃく》」といいます。

三百年くらい前の江戸時代《えどじだい》には、炭《すみ》の粉《こな》と植物《しょくぶつ》の灰《はい》を混《ま》ぜて、金属《きんぞく》の入れ物《もの》の中で燃《も》やす「懐炉《かいろ》」が発明《はつめい》されました。

さらに、百年くらい前には、ベンジンなどの燃料《ねんりょう》で温《あたた》める白金触媒式《はっきんしょくばいしき》カイロができました。

そして今の時代《じだい》、使《つか》いすてカイロは、ふくろから出せばすぐに温《あたた》かくなって、便利《べんり》ですね。でも、なぜ、すぐに温《あたた》かくなるのでしょう。

家に使《つか》いすてカイロがある人は、外側《そとがわ》のふくろの「原材料《げんざいりょう》」というところを見てみましょう。そこに、使《つか》われている材料《ざいりょう》が書いてあります。商品《しょうひん》によって少しちがいがありますが、必《かなら》ず使《つか》われているのが、鉄《てつ》の粉《こな》と塩《しお》と活性炭《かっせいたん》と水分です。

鉄《てつ》は、「空気中の酸素《さんそ》にふれると、さびて、熱《ねつ》を出す」という性質《せいしつ》があります。使《つか》いすてカ

イロが温《あたた》かくなるのは、この性質《せいしつ》を利用《りよう》しているのです。

鉄《てつ》のくぎを外に出しっぱなしにしておくと、さびてきます。でも、さわったときに温《あたた》かいとか熱《あつ》いとか、そういう感《かん》じはしませんね。くぎがさびるときにも熱《ねつ》は出ていますが、さびるのは表面《ひょうめん》だけで、熱《ねつ》はすぐににげて冷《ひ》えてしまいます。だから、さわっても熱《ねつ》を感《かん》じないのです。

使《つか》いすてカイロは、「温《あたた》かい」と感《かん》じないと意味《いみ》がありません。そこで、鉄《てつ》を細かい粉《こな》にしたものが使《つか》われています。外側《そとがわ》のふくろを開《あ》けて取《と》りだすと、鉄《てつ》の粉《こな》の一つぶ一つぶが酸素《さんそ》にふれ、同時にさびて、熱《ねつ》を出しはじめます。たくさんの粉《こな》が熱《ねつ》を出すので、すぐに温《あたた》かくなります。

塩《しお》は、鉄《てつ》がさびるスピードを早める役目《やくめ》をしています。活性炭《かっせいたん》は、炭《すみ》を加《か》工《こう》したものです。空気をたくさん集《あつ》める性質《せいしつ》を持《も》っていて、塩《しお》と同じように、鉄《てつ》が早くさびるのを助《たす》けています。

このような性質《せいしつ》は、かなり前から知られていました。一九五〇年ごろ、寒《さむ》さのきびしい朝鮮半島《ちょうせんはんとう》で戦《たたか》うことになったアメリカの軍人《ぐんじん》たちは、水とうのような入《い》れ物《もの》に、鉄《てつ》の粉《こな》と塩《しお》を入れて、からだを温《あたた》めるのに使《つか》っていました。これをもっと便利《べんり》にしたのが今の使《つか》いすてカイロというわけです。

では最後《さいご》に、使《つか》うときの注意《ちゅうい》を一つ。使《つか》いすてカイロは、直接《ちょくせつ》はだにつけていると、はだが赤くなったり、水ぶくれができることがあります。これは、やけどです。「温《あたた》かい」と感《かん》じるくらいの温度《おんど》でも、ずっとはだにつけていると、やけどをすることがあるのです。

直接《ちょくせつ》はだにはらず、コートのポケットに入れたり、ハンカチでくるんだりなど、製品《せいひん》の使《つか》い方《かた》を守《まも》って使《つか》うようにしましょう。

どうして、星占《ほしうらな》いはできたの？

「わたしは、四月一日生まれだから、おひつじ座《ざ》。」
「わたしは、ふたご座《ざ》。」
こんな会話をすることが、ありませんか。わたしたちだけでなく、世界《せかい》の人が知っている星占《ほしうらな》いは、誕生日《たんじょうび》が、十二の星座《せいざ》のどこに当てはまるかによって、未来《みらい》や性格《せいかく》を占《うらな》うものです。
星座《せいざ》は、夜空にかがやいている星の中からいくつかをつないで、動物《どうぶつ》や道《どう》

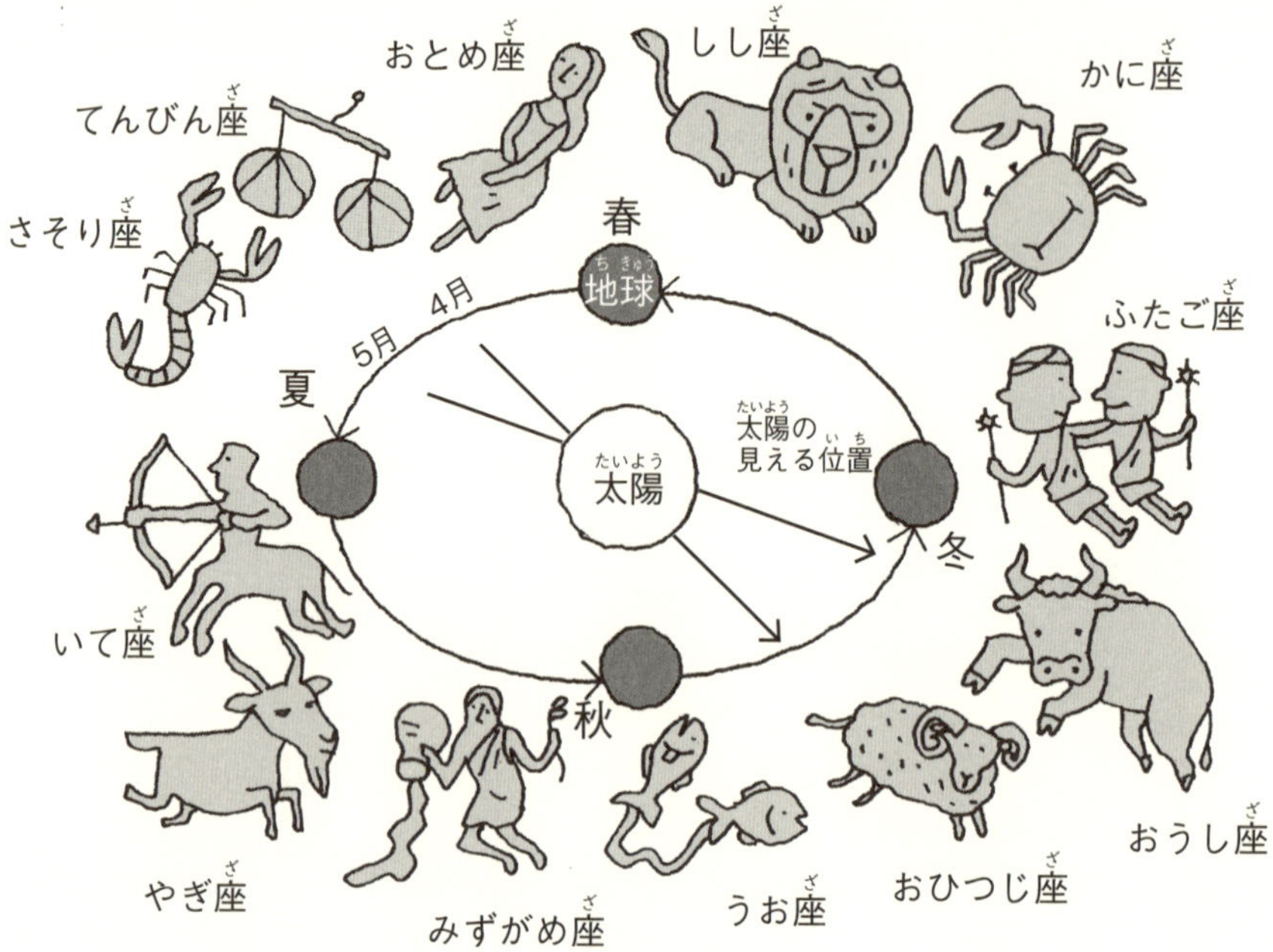

具《ぐ》などの形にたとえたもので、全部《ぜんぶ》で八十八あります。でも、星占《ほしうらな》いに使《つか》われるのは、おひつじ座《ざ》、おうし座《ざ》、ふたご座《ざ》、かに座《ざ》、しし座《ざ》、おとめ座《ざ》、てんびん座《ざ》、さそり座《ざ》、いて座《ざ》、やぎ座《ざ》、みずがめ座《ざ》、うお座《ざ》の十二星座《せいざ》だけ。それらは、太陽《たいよう》の通り道である「黄道《こうどう》」に並《なら》んでいるので、黄道《こうどう》十二星座《せいざ》といいます。

通るといっても、星座《せいざ》の中を、ほんとうに太陽《たいよう》が通るわけではありません。地《ち》球《きゅう》から見て、太陽《たいよう》の位置《いち》と星座《せいざ》の位置《いち》が重《かさ》なるのです。

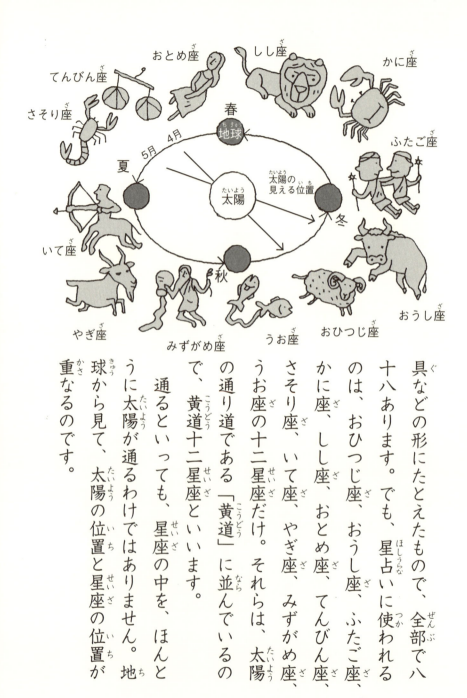

昔《むかし》の人は、太陽《たいよう》には特別《とくべつ》に大きな力があると信《しん》じていました。だから、生まれたときに、太陽《たいよう》の位置《いち》と重《かさ》なる星座《せいざ》は、その人にえいきょうをあたえ、一生の運命《うんめい》を左右すると考えました。

この考えがおおもとになり、星占《ほしうらな》いは生まれました。

さらに星座《せいざ》に、月や、水星、金星、火星、木星、土星といった星が重《かさ》なって見えると、吉凶《きっきょう》さまざまなできごとが起《お》こる前ぶれだと考えました。例《たと》えば「火星がさそり座《ざ》に入ったら、何《なに》か起《お》こる」といった占《うらな》いをしたのです。

そして、天体をよく観察《かんさつ》して、星占《ほしうらな》いの内容《ないよう》を発展《はってん》させていきました。

もともと星座《せいざ》は、約《やく》五千年前から、バビロニアで生まれ、黄道《こうどう》を十二に分《わ》けて、黄道《こうどう》十二星座《せいざ》が定《さだ》まっていき、二千五百年くらい前に最初《さいしょ》の星占《ほしうらな》いが生まれました。そして、二千年くらい前には、ギリシャ人が、今の形に近い星占《ほしうらな》いの方法《ほうほう》をまとめていきました。

未来《みらい》がわかるかも?! 自分でできる三つの占《うらな》い

占《うらな》いの始《はじ》まりはとても古く、そして世界中《せかいじゅう》にいろいろな占《うらな》いがあります。日本では、千八百年ぐらい前に、動物《どうぶつ》の骨《ほね》を燃《も》やし、現《あらわ》れるもようを見て、占《うらな》っていたといいます。

今のわたしたちも自分の性格《せいかく》や自分の未来《みらい》が気になったときに、占《うらな》いを参考《さんこう》にすることがありますね。身近《みぢか》な三つの占《うらな》いを、しょうかいします。

あなたは何型《なにがた》? 血液型占《けつえきがたうらな》い

人の血液型《けつえきがた》は、大きくA型《エーがた》・B型《ビーがた》・O型《オーがた》・AB《エービー》型《がた》の四つに分かれます。

A型《エーがた》は理性的《りせいてき》で決《き》めたことは最後《さいご》までがんばるタイプ、B型《ビーがた》は好奇心《こうきしん》がおう盛《せい》でマイペースといわれます。O型《オーがた》は、小さいことでなやまない大らかタイプ、AB型《エービーがた》はのんびり屋《や》でありながら、するどい感受性《かんじゅせい》の持《も》ち主《ぬし》といわれます。

日本では人気のある血液型占《けつえきがたうらな》いですが、科学的《かがくてき》な根《こん》きょはありません。

努力《どりょく》で変《か》わる⁉ 手相占《てそううらな》い

手相《てそう》は手のひらに現《あらわ》れた、しわや手のふくらみ具合《ぐあい》などから、その人の性格《せいかく》や才能《さいのう》、運勢《うんせい》、健康《けんこう》などを占《うらな》うものです。

いろいろな説《せつ》がありますが、左手は持《も》って生まれた性質《せいしつ》、右手は現在《げんざい》のその人の状態《じょうたい》を表《あらわ》し、また占《うらな》い師《し》は男女で見る手を変《か》えるといいます。手相《てそう》は一生同じではありません。自分の運命《うんめい》は努力《どりょく》によって変《か》えられ、それが手相《てそう》に現《あらわ》れるといわれています。

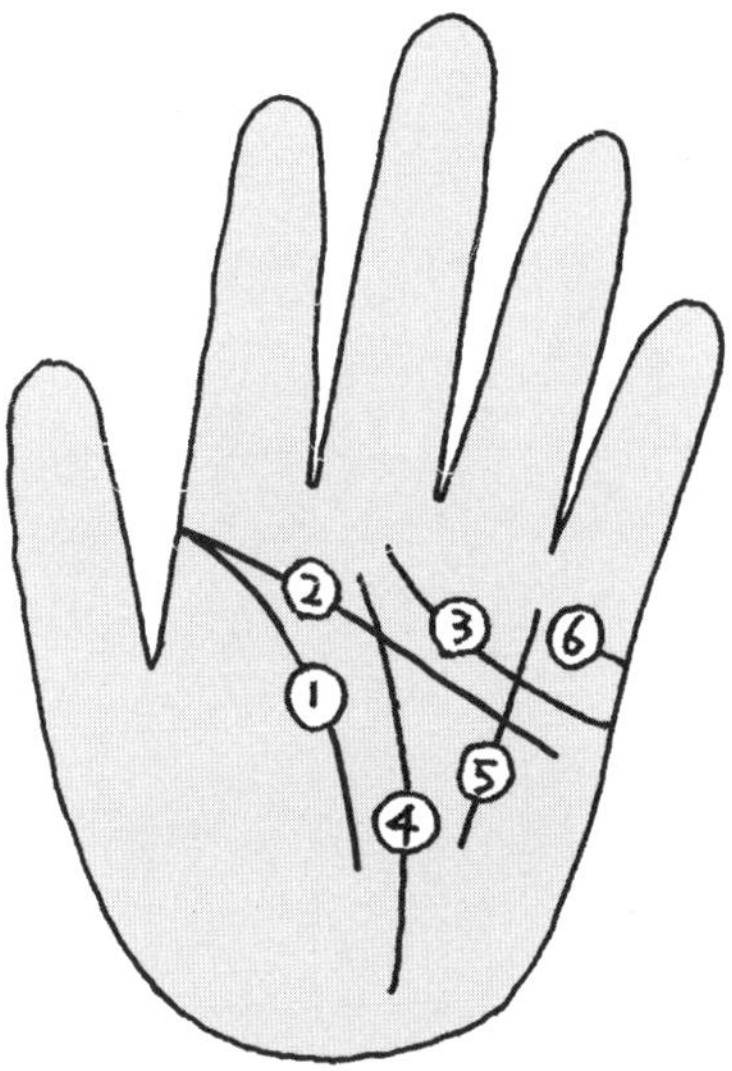

★数ある線の中から、いくつかしょうかいしましょう。

①**生命線《せいめいせん》**
主《おも》に体力と生命力《せいめいりょく》を表《あらわ》す。線が長くてこい人は、病気《びょうき》をせずに長生きするといわれる。

②**頭脳線《ずのうせん》（知能線《ちのうせん》）**
頭のよさや才能《さいのう》を表《あらわ》す。手のひらにのびている線のはしが上向《うわむ》きだと理科や算数が得意《とくい》。下向《したむ》きだと国語や芸術《げいじゅつ》などが得意《とくい》。線が短《みじか》いと決断《けつだん》が早く、長い人はじっくり考えるタイプといわれる。

③**感情線《かんじょうせん》**
性格《せいかく》や感情《かんじょう》を表《あらわ》す。指《ゆび》に向《む》かって線が上向《うわむ》きは明るい性格《せいかく》。線が長いと理《り》想家《そうか》、短《みじか》いと感情《かんじょう》を表《あらわ》すことが苦手《にがて》だといわれる。

④**運命線《うんめいせん》**
仕事《しごと》や家庭《かてい》、お金持《かねも》ちになれるかなどを表《あらわ》す。太くて長いほうがよく、努《ど》力《りょく》しだいで変《か》わっていくともいわれる。

⑤**太陽線《たいようせん》**
太くこい線が現《あらわ》れていると、仕事《しごと》などで大きな成《せい》功《こう》をなし、名声やお金を得《え》るといわれる。

⑥**結婚線《けっこんせん》**
結婚《けっこん》の時期《じき》や、結婚《けっこん》の様《よう》子《す》などを表《あらわ》す。小指《こゆび》と感《かん》情線《じょうせん》の間にあり、下にあるほど、早く結婚《けっこん》するといわれる。

※ここで紹介《しょうかい》している占《うらな》いは、一例《いちれい》です。

正夢《まさゆめ》？　逆夢《さかゆめ》？　夢占《ゆめうらな》い

「夢《ゆめ》には神《かみ》や仏《ほとけ》からのメッセージがこめられている」と昔《むかし》の人は考えました。そのメッセージを読みとく方法《ほうほう》は二つあります。

一つは「正夢《まさゆめ》」といって「夢《ゆめ》で見たことは、実際《じっさい》にこれから起《お》こる」というもの。

もう一つは、「逆夢《さかゆめ》」といって「夢《ゆめ》と現《げん》実《じつ》は逆《ぎゃく》になる」というもの。だから、「人が亡《な》くなる夢《ゆめ》を見ると、人が生まれる」「さいふを落《お》とす夢《ゆめ》を見ると、お金を拾《ひろ》う」といわれます。いやな夢《ゆめ》を見たときは、「逆夢《さかゆめ》だからいいことがある」と思えばいいのです。

★日本でいい伝《つた》えられてきた、夢《ゆめ》に出てくるとよいといわれるものをしょうかいします。

◆富士山《ふじさん》

願《ねが》いが、かなう。山を登《のぼ》っているところだと、さらによい。

◆鳥

ワシやタカは、財産《ざいさん》や地位《ちい》をつかむ。空を飛《と》んでいたり、うでに止まっているとよい。

◆雷《かみなり》

ものごとが成功《せいこう》する。受験生《じゅけんせい》だったら、「合格《ごうかく》」を表《あらわ》す。

◆ヘビ

生きているヘビだとお金持《かねも》ちになる。

◆タイ

縁起《えんぎ》がいい魚といわれ、お金持《かねも》ちになる。

◆火事《かじ》

お金を拾《ひろ》う。病気《びょうき》が早く治《なお》る。人にごちそうになる。

◆トイレ

トイレに落《お》ちた夢《ゆめ》を見るとお金持《かねも》ちになる。

文・メルプランニング　絵・後藤範行　知ってびっくり！マーク・森佳世

生活の、なぜ？　どうして？②

文・丹野由夏（48 ～ 51・55 ～ 73 ページ）
鎌田達也（グループ・コロンブス）（52 ～ 54 ページ）
絵・斉藤ワカメ

LED《エルイーディー》電球《でんきゅう》って、何？

今、ほとんどの家庭《かてい》で*LED《エルイーディー》電球《でんきゅう》が使《つか》われるようになりました。また、明るさや機能《きのう》によって、LED《エルイーディー》電球《でんきゅう》の種類《しゅるい》も増《ふ》えています。

LED《エルイーディー》電球《でんきゅう》は、以前《いぜん》から家庭《かてい》でよく使《つか》われていた白熱電球《はくねつでんきゅう》や蛍光灯《けいこうとう》とは、まったくちがうしくみで光ります。

まずは、白熱電球《はくねつでんきゅう》と蛍光灯《けいこうとう》が光るしくみを、説明《せつめい》しておきましょう。

白熱電球《はくねつでんきゅう》は、電気を熱《ねつ》に変《か》えて光ります。白熱電球《はくねつでんきゅう》に電気を流《なが》すと、中にある「フィラメント」という部分《ぶぶん》が二千度《ど》をこえる高温《こうおん》になり、白く光ります。温度《おんど》はちがいますが、熱《あつ》い太陽《たいよう》が明るく光るのと同じです。

蛍光灯《けいこうとう》は、ガラス管《かん》の両《りょう》はしにフィラメントがついています。ガラス管《かん》の中には空気ではなく、電気を通しやすい特別《とくべつ》なガスが入っています。蛍光灯《けいこうとう》に電気を流《なが》してフィラメントがあたたまると、フィラメントの間の空間に電気が流《なが》れるようになります。蛍光灯《けいこうとう》のガラス管《かん》の内側《うちがわ》には、電気に反応《はんのう》して光る物質《ぶっしつ》がぬられているので、空間に電気が流《なが》れることで、蛍光灯《けいこうとう》は明るくかがやくのです。

〈白熱電球《はくねつでんきゅう》の光り方〉

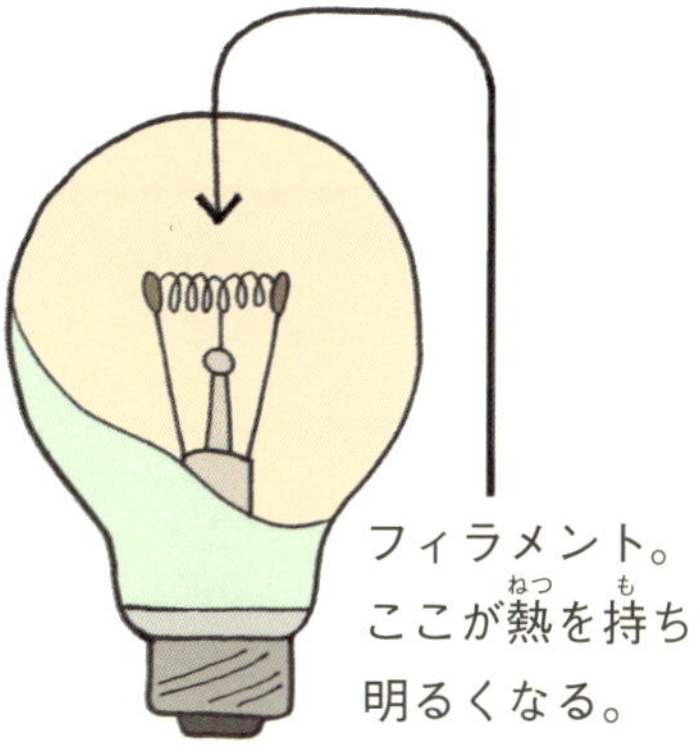

〈蛍光灯《けいこうとう》の光り方〉

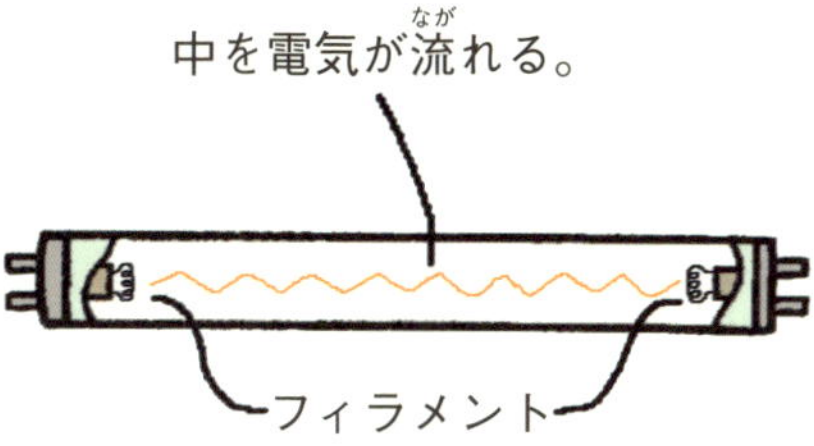

＊LED《エルイーディー》……Light Emitting Diode（発光《はっこう》ダイオード）の頭文字。

しかし、LED《エルイーディー》電球《でんきゅう》は、白熱電球《はくねつでんきゅう》や蛍光灯《けいこうとう》とはちがう方法《ほうほう》で光ります。

LED《エルイーディー》電球《でんきゅう》は、中に「発光《はっこう》ダイオード」という部品《ぶひん》が入っています。発光《はっこう》ダイオードは、電気を通しただけで、そのものが光る性質《せいしつ》を持《も》っています。

白熱電球《はくねつでんきゅう》は電気を熱《ねつ》に変《か》えなくてはいけないので、たくさんの電力が必要《ひつよう》ですが、LED《エルイーディー》電球《でんきゅう》は、使《つか》う電力が白熱電球《はくねつでんきゅう》の八分の一、蛍光灯《けいこうとう》の三分の一から五分の二ていどですみます。

また、白熱電球《はくねつでんきゅう》や蛍光灯《けいこうとう》は、中のフィラメントがいたんだり切れたりしてしまうと光らなくなりますが、発光《はっこう》ダイオードは、電気を通す線が切れたりしない限《かぎ》り、とても長《なが》く使《つか》えます。発光《はっこう》ダイオードを使《つか》ったLED《エルイーディー》電球《でんきゅう》は白《はく》

〈LED《エルイーディー》電球《でんきゅう》の光り方〉

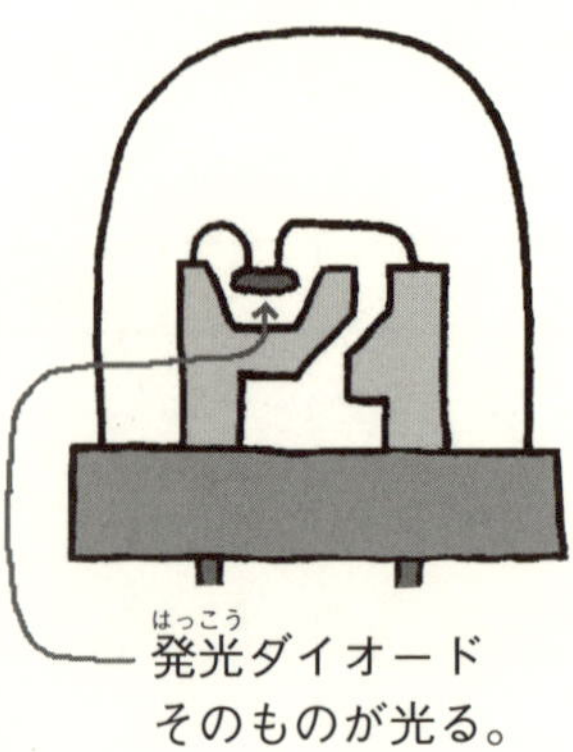

熱電球《ねつでんきゅう》の四十倍《ばい》、蛍光灯《けいこうとう》の六〜七倍《ばい》も長持《ながも》ちするというデータもあります。しかも、スイッチを入れて光るまで時間がかかる蛍光灯《けいこうとう》とちがい、すぐに光ります。

このように、LED電球《エルイーディーでんきゅう》は少ない電力で使《つか》えて長持《ながも》ちし、しかも使《つか》いやすいので、これまでの電球《でんきゅう》にとってかわってきているのです。

また、白熱電球《はくねつでんきゅう》と蛍光灯《けいこうとう》は白い色だけですが、発光《はっこう》ダイオードは使《つか》う素材《そざい》を変《か》えることによって、赤、黄、緑《みどり》、青、だいだい色をはじめ、二十色以上《いじょう》のさまざまな色に光ります。

たくさんの色の表現《ひょうげん》ができる発光《はっこう》ダイオードは、いろいろなところで使《つか》われています。例《たと》えば、交差点《こうさてん》の信号機《しんごうき》で、小さなつぶつぶが光っているものがありますね。あれが発光《はっこう》ダイオードです。また、駅《えき》の電光《でんこう》けいじ板《ばん》などにも使《つか》われ、文字や絵などで情報《じょうほう》を伝《つた》えるのにも役立《やくだ》っています。

VR《ブイアール》って、どんなことに使《つか》われるの？

あなたは、VR《ブイアール》という言葉《ことば》を聞いたことがありますか。

VR《ブイアール》とは「Virtual Reality《バーチャル リアリティ》」の略《りゃく》で、日本語《ご》では「仮想現実《かそうげんじつ》」などと訳《やく》されます。これは、「現実《げんじつ》ではない仮《かり》のものだけれど、現実《げんじつ》のように感《かん》じられるもの」といった意味《いみ》になります。

具体的《ぐたいてき》には、人間が生まれながらにして持《も》つ五つの感覚《かんかく》（視覚《しかく》・聴覚《ちょうかく》・触覚《しょっかく》・味覚《みかく》・嗅覚《きゅうかく》）を、コンピュータなどによって機械的《きかいてき》にまねをすることといってもいいかもしれません。

VR《ブイアール》の代表的《だいひょうてき》な例《れい》として「ヘッドマウントディスプレイ」があります。これはゴーグルのような形の特殊《とくしゅ》な眼鏡《めがね》をかけることにより、まるでその場にいるような景色《けしき》が目の前に広がって見える技術《ぎじゅつ》です。

この眼鏡《めがね》を装着《そうちゃく》すると、例《たと》えば床《ゆか》に引かれた一本の線《せん》が、超高層《ちょうこうそう》ビルの間《あいだ》にわたされた綱《つな》に見《み》えるように思わせることができます。そこには一歩も動《うご》くことができないほど、リアリティのある映像《えいぞう》が広がるのです。

また、この技術《ぎじゅつ》を使《つか》うと、昔《むかし》の遺跡《いせき》など、今《いま》は失《うしな》われた建物《たてもの》や暮《く》らしぶりなどを、手に取《と》るように映《うつ》しだすこともできます。実際《じっさい》に観光《かんこう》などに役立《やくだ》てられているケースもあります。

VR《ブイアール》は、医療《いりょう》などの分野でも活用が期待《きたい》されています。自動車《じどうしゃ》メーカーのトヨタが開発《かいはつ》した「T《ティー》－HR3《エイチアールスリー》」は、VR《ブイアール》を使《つか》った先端《せんたん》技術《ぎじゅつ》のロボットです。操縦《そうじゅう》する人は、ロボットが見ているのと同じものを、専用《せんよう》のゴーグルで目にすることができ、ロボットがさわるものを自分がさわるように感《かん》じることができます。例《たと》えば、ロボットが持《も》つゴムボールがどのくらいやわらかいか、どんな感触《かんしょく》かなどを、はなれた場所《ばしょ》からも感《かん》じることができるのです。

このVR《ブイアール》技術《ぎじゅつ》は、人によりそってサポートすることが必要《ひつよう》な、医療《いりょう》や介護《かいご》の現場《げんば》のほか、人が近づきにくい災害地《さいがいち》や建設《けんせつ》現場《げんば》などでの、遠隔操作《えんかくそうさ》による活用が期待《きたい》されています。

タッチパネルは、どうして反応《はんのう》するの？

最近《さいきん》、ゲーム機《き》やスマートフォン、タブレット型端末《がたたんまつ》などのほとんどが、操作《そうさ》ボタンをおすのではなく、画面《がめん》（タッチパネル）をタッチペンや指《ゆび》でさわって操作《そうさ》する方式《ほうしき》になっています。中には、タッチパネルを使《つか》って画面《がめん》に字や絵をかくことができるものもありますね。ペンや指《ゆび》でさわったことが、どのようにして機械《きかい》に伝《つた》わるのでしょうか。

タッチパネルには、いろいろなしくみのものがあるのですが、はじめに、けいたいゲーム機《き》などに、使《つか》われてきたしくみをしょうかいしましょう。

タッチパネルのふれる部分《ぶぶん》には、とう明なシートとガラス板《いた》が入っています。このシートとガラス板《いた》に、ほんの少しだけすきまをつくり、向《む》かいあった面《めん》に、目に見えないほどうすい金《きん》属《ぞく》のまくをはって、そこがふれると、電気が通るようにしています。

機械《きかい》の電源《でんげん》を入れると、シートとガラス板《いた》それぞれに電気が流《なが》れます。タッチパネルにさわらないときは、シートとガラス板《いた》がふれあわないので、電気の流《なが》れに変化《へんか》はありません。とこ

タッチパネルのしくみの一例《いちれい》（断面《だんめん》）

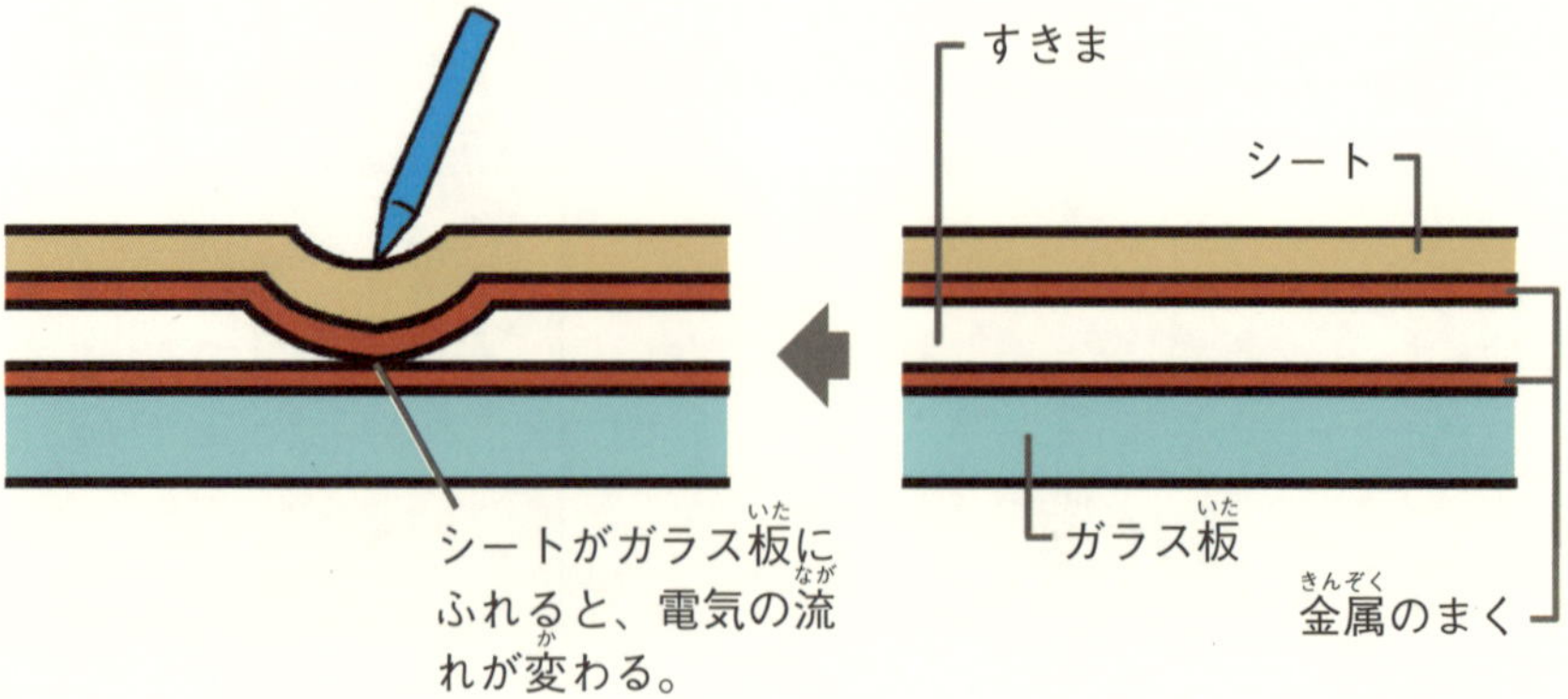

ろが、指《ゆび》やタッチペンなどでさわると、その部分《ぶぶん》だけシートがへこんでガラス板《いた》につきます。すると、金属《きんぞく》のまく同士《どうし》がふれあうので、電気の流《なが》れる量《りょう》が変《か》わります。電気の流《なが》れが変化《へんか》する量《りょう》は、シートとガラス板《いた》がふれた場所《ばしょ》によってちがうので、タッチペンや指《ゆび》がどこにふれたかがわかります。

また、タッチする面《めん》が固《かた》い板《いた》のようになっていて、へこませることができないのに、軽《かる》くさわるだけで反応《はんのう》する、ちがうしくみのタッチパネルもあります。この方式《ほうしき》のタッチパネルは、人間のからだにいつも流《なが》れている、わずかな電気を画面《がめん》が感知《かんち》して、どこにふれたかを瞬時《しゅんじ》に調《しら》べて反応《はんのう》します。スマートフォンなどは、この方式《ほうしき》を使《つか》っています。

タッチパネルは、画面《がめん》に直接《ちょくせつ》ふれて操作《そうさ》ができるので使《つか》いやすく、駅《えき》の券《けん》売機《ばいき》や銀行《ぎんこう》のＡＴＭ《エーティーエム》（現金自動預け払い機《げんきんじどうあずけばらいき》）などにも使《つか》われていて、人びとの生活が便利《べんり》になっています。

外国と日本では、どうして言葉《ことば》がちがうの？

今は、小学校から英語《えいご》の勉強《べんきょう》が行われていますね。英語《えいご》は、イギリスやアメリカをはじめ、世界《せかい》の多くの地域《ちいき》で使《つか》われる言葉《ことば》です。一つひとつの単語《たんご》が、日本語とまったくちがい、とまどう人もいるかもしれません。

どうして国によって、使《つか》われる言葉《ことば》がちがうのか。これは、とても難《むずか》しい質問《しつもん》です。なぜなら、言葉《ことば》はだれかが発明《はつめい》したものではなく、長い時間がたつうちに多くの人によって、自然《しぜん》に作られたものだからです。また、話されるだけで文字にされなかった言葉《ことば》もあって、どのように言葉《ことば》が変《か》わってきたのか、わからないことも多いのです。

国によって使《つか》われる言葉《ことば》が、なぜちがうかについて、いろいろな考え方がありますが、その中の一つをしょうかいしましょう。

それは、最初《さいしょ》はみんな同じ言葉《ことば》を使《つか》っていたのに、だんだんちがっていったという考え方です。

二十〜十五万年前ごろ、人間の祖先《そせん》が、今のアフリカのある地域《ちいき》に生まれました。この人びとは二本の足で歩き、発達《はったつ》した脳《のう》を持《も》っていて、言葉《ことば》を話すことができました。この人びとの一部《いちぶ》は、

やがて、アフリカを出て、世界各地《せかいかくち》に散《ち》らばりました。

はじめ、この人びとはみんな同じ言葉《ことば》を話していました。しかし、いろいろな方向《ほうこう》に分かれて移動《いどう》し、住《す》みやすい土地を見つけてとどまるようになりました。すると、だんだん住《す》んでいる場所《ばしょ》の暮《く》らしに必要《ひつよう》な言葉《ことば》が使《つか》われるようになったのです。それは、住《す》んでいる人たち同士《どうし》がわかりあう言葉《ことば》だったので、もとの言葉《ことば》とは、どんどん変《か》わっていきました。

こうして、世界各地《せかいかくち》で、その場所《ばしょ》でしか通じない言葉《ことば》がたくさんできていったという考え方です。

たしかに、聞いているだけではわからなくても、世界《せかい》で使《つか》われている言葉《ことば》

住《す》む場所《ばしょ》によって、さまざまな言葉《ことば》に変《か》わっていった。

のしくみには、とても似《に》ているところがあります。それは、どんな言葉《ことば》にも「だれは」や「何は」という『主語《しゅご》』と呼《よ》ばれる言葉《ことば》と、「〜した」という『述語《じゅつご》』、言葉《ことば》を説明《せつめい》する『修飾語《しゅうしょくご》』、それに、単語《たんご》や文をつなぐ『接続語《せつぞくご》』があることです。

これらの言葉《ことば》をつなげる順番《じゅんばん》はちがっても、同じしくみを持《も》っているので、英語《えいご》を日本語に訳《やく》すこともできるし、日本語の意味《いみ》と同じことを韓国語《かんこくご》でいうこともできるのです。

自然《しぜん》エネルギーには、どんなものがあるの？

みなさんは、建物《たてもの》の屋根《やね》などについている黒いパネルを見たことがありますか。太陽《たいよう》の光がパネルに当たることで、光のエネルギーを電気に変《か》える「太陽光発電《たいようこうはつでん》」です。太陽《たいよう》の光は、晴れていればずっと降《ふ》りそそぐので、その間はずっと電気をつくることに利用《りよう》できますね。

自然《しぜん》エネルギーとは、この太陽《たいよう》の光のように、自然現象《しぜんげんしょう》から得《え》られる、使《つか》いつづけても使《つか》いはたすおそれがないエネルギーのことです。「再生可能《さいせいかのう》エネルギー」と呼《よ》ばれることもあり、ほかに、水の力を利用《りよう》する水力発電《すいりょくはつでん》や、風の力を利用《りよう》する風力発電《ふうりょくはつでん》などがあります。

では、なぜ今、自然《しぜん》のエネルギーが注目《ちゅうもく》されているのでしょうか。

人間はこれまで、石油《せきゆ》や石炭《せきたん》、天然《てんねん》ガス（これらを化石燃料《かせきねんりょう》と呼《よ》びます）を燃《も》やし、その熱《ねつ》で水を温《あたた》めて蒸気《じょうき》をつくり、発電機《はつでんき》を回す「火《か》力発電《りょくはつでん》」を続《つづ》けてきました。

しかし、このまま化石燃料《かせきねんりょう》を使《つか》いつづけると、いつかは地球上《ちきゅうじょう》から、なくなってしまうだろうといわれています。それに、化石燃料《かせきねんりょう》が燃《も》える

太陽光発電《たいようこうはつでん》のパネルは、砂漠《さばく》などでも活用されている。

ときには、地球温暖化《ちきゅうおんだんか》の原因《げんいん》である二酸化炭素《にさんかたんそ》が発生《はっせい》します。

そこで、化石燃料《かせきねんりょう》に代《か》わる自然《しぜん》エネルギーが注目《ちゅうもく》されているのです。

例《たと》えば、水力発電《すいりょくはつでん》。水が高いところから落《お》ちる勢《いきお》いで、発電機《はつでんき》を回す発電《はつでん》方法《ほうほう》です。最近《さいきん》は、一度《いちど》下の調整池《ちょうせいち》に落《お》ちた水を、電力使用《しよう》の少ない夜間に上の調整池《ちょうせいち》にポンプでくみあげ、再《ふたた》び落《お》として発電《はつでん》する「揚水式《ようすいしき》」という方《ほう》式《しき》が多くとられています。

また、風力発電《ふうりょくはつでん》は、風の力で風車を回し、発電機《はつでんき》に伝《つた》えて、電気をつくることです。風の力を電気に変《か》えるのです。

火山の近くで地中からふきだす蒸気《じょうき》を利用《りよう》して発電機《はつでんき》を回す地熱発電《ちねつはつでん》も、自然《しぜん》エネルギーを利用《りよう》したものです。

植物《しょくぶつ》から、自動車《じどうしゃ》を動《うご》かす燃料《ねんりょう》をつくることもできます。例《たと》えば、植物《しょくぶつ》の実《み》などをしぼった油《あぶら》からは、ガソリンの代《か》わりになる燃料《ねんりょう》をつくることができます。植物《しょくぶつ》は、実《み》をとったあと、かりとってしまっても、植《う》えればまた成長《せいちょう》して、実《み》をとることができます。

このように、自然《しぜん》のエネルギーには、いいところがたくさんあります。しかし、利用《りよう》されはじめたばかりで、設備《せつび》をつくったり、エネルギーを届《とど》ける道をつくったりするためにお金がかかるので、これまでの石油《せきゆ》や天然《てんねん》ガスなどに比《くら》べると、値段《ねだん》が少し高いことなど欠点《けってん》もあります。

自然《しぜん》のエネルギーがたくさん使《つか》われるようになれば、もっと安《やす》くなると考えられています。

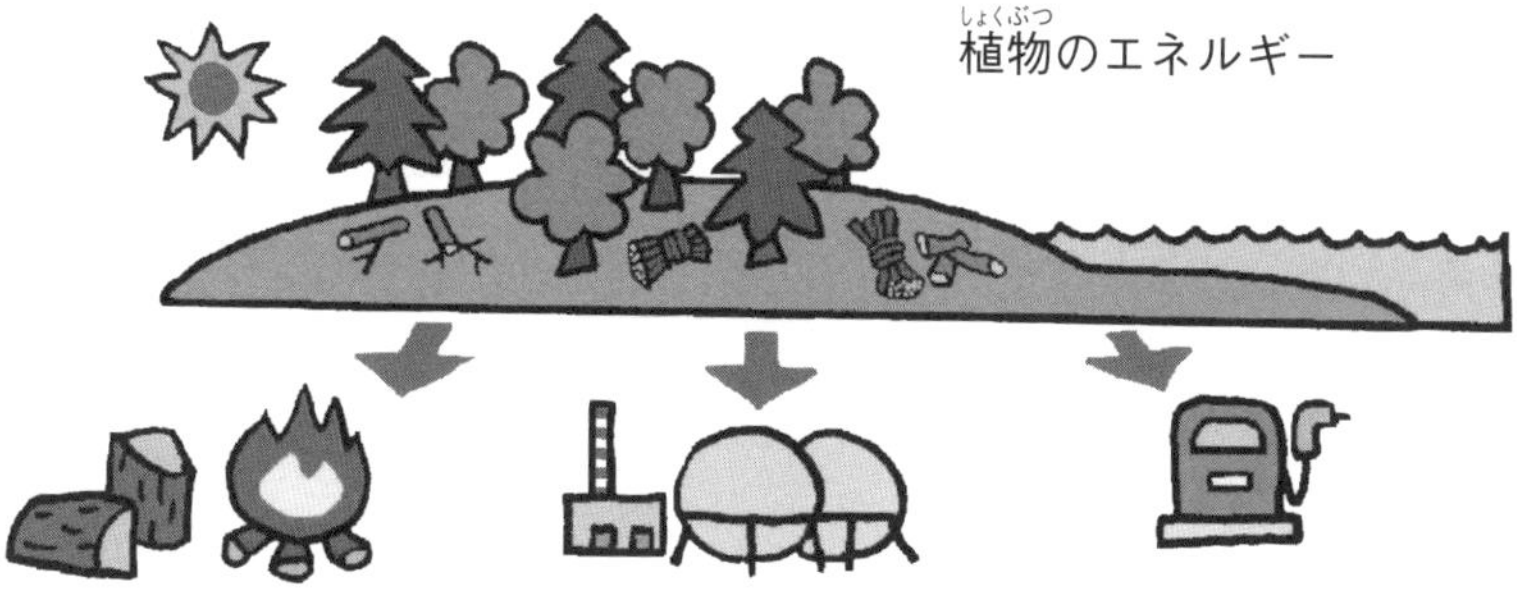

いらなくなった木材《もくざい》を燃《も》やして発電《はつでん》をする。

生ごみなどからメタンガスという気体燃料《きたいねんりょう》をつくる。

トウモロコシやサトウキビからエタノールという液体燃料《えきたいねんりょう》をつくる。

地震《じしん》がくる直前《ちょくぜん》に、きんきゅう地震速報《じしんそくほう》が流《なが》れるのは、どうして？

テレビを見ていると、とつぜん、チャイムの音が聞こえてきて「○○で地《じ》震《しん》。強いゆれにけいかい」というような音声が流《なが》れて、どきどきすることがありますね。これを「きんきゅう地震速報《じしんそくほう》」といいます。そして、速報《そくほう》が出てから、しばらくして地震《じしん》が起《お》こり、ぐらぐらとゆれることがあります。

どうして、地震《じしん》が起《お》こる前に、知らせることができるのでしょうか。

それは、地震《じしん》のゆれの伝《つた》わり方《かた》を、うまく利用《りよう》しているからです。

地震《じしん》が起《お》こると、二種類《しゅるい》の波《なみ》が同時に生まれます。一つは、小さな波《なみ》で「P波《ピーは》」と呼《よ》ばれ、一秒間《びょうかん》に約《やく》七キロメートルの速《はや》さで伝《つた》わります。もう一つは、大きな波《なみ》で「S波《エスは》」といい、一秒間《びょうかん》に四キロメートルの速《はや》さで伝《つた》わります。地《じ》震《しん》の被害《ひがい》は、主《おも》にS波《エスは》によって起《お》こります。

つまり、P波《ピーは》はS波《エスは》より、一秒間《びょうかん》に三キロメートルだけ先に伝《つた》わります。十秒間《びょうかん》になると三十キロメートルの差《さ》がつきます。震源《しんげん》から遠くなればなるほど、P波《ピーは》が伝《つた》わってからS波《エスは》が伝《つた》わるまで時間がかかるのです。反対《はんたい》に、震源《しんげん》地《ち》に近い場所《ばしょ》では、P波《ピーは》とS波《エスは》の伝《つた》わる時間の

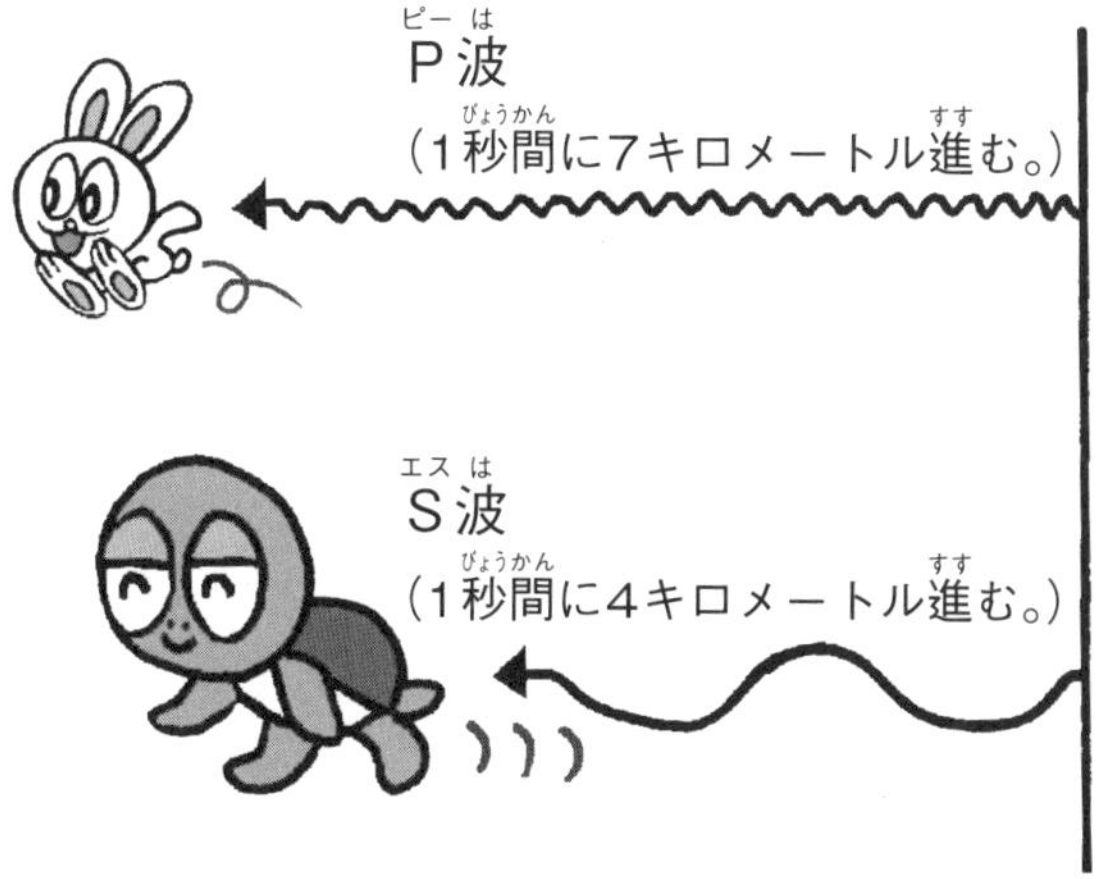

P波《ピーは》は、1秒《びょう》で3キロメートル、10秒《びょう》では30キロメートル、S波《エスは》より速《はや》く進《すす》む。

差《さ》はほとんどありません。きんきゅう地震速報《じしんそくほう》は、このP《ピー》波《は》の起《お》こった場所《ばしょ》や大きさをすばやく測定《そくてい》して計算《けいさん》し、地震《じしん》がくることを伝《つた》えているのです。

大きな地震《じしん》が起《お》こったとします。すると、まずはじめに、震源地《しんげんち》の近くにある地震計《じしんけい》がP《ピー》波《は》を感知《かんち》します。地震計《じしんけい》は、全国約《ぜんこくやく》千四百九十か所《しょ》に設置《せっち》されています。それぞれの地震計《じしんけい》は、気象庁《きしょうちょう》のコンピュータとつながっていて、ただちにP《ピー》波《は》の大きさなど情報《じょうほう》を伝《つた》えます。気象庁《きしょうちょう》のコンピュータは、ほかの地震計《じしんけい》で感知《かんち》したP《ピー》波《は》のデータなどもふくめて、

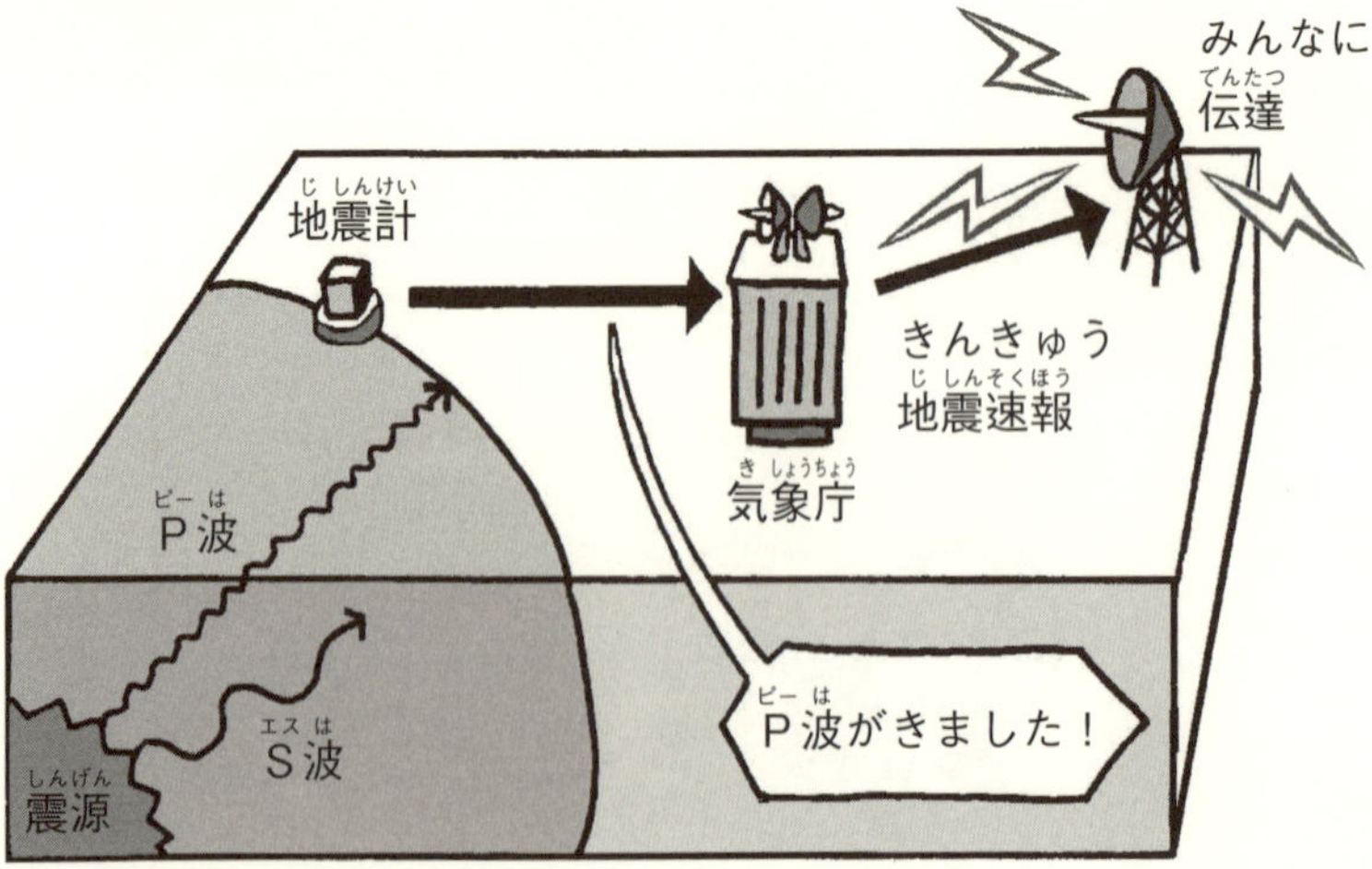

震源《しんげん》の場所《ばしょ》や震度《しんど》をすばやく計算し、すぐにきんきゅう地震速報《じしんそくほう》として発表《はっぴょう》します。こうすることで、震源《しんげん》からはなれている場所《ばしょ》には、S波《エスは》の大きな波《なみ》がくる数秒《びょう》から数十秒《びょう》前にきんきゅう地震速報《じしんそくほう》を出して、注意《ちゅうい》を呼《よ》びかけることができます。P波《ピーは》のデータを集《あつ》めて計算する時間は、多くの技術者《ぎじゅつしゃ》たちが研究《けんきゅう》を重《かさ》ね、どんどん短縮《たんしゅく》されてきました。

きんきゅう地震速報《じしんそくほう》は、震度《しんど》五以上《いじょう》の地震《じしん》が予測《よそく》されたときに発表《はっぴょう》されます。テレビやラジオ、けいたい電話だけではなく、病院《びょういん》やデパートなどでも、チャイムの音といっしょに発表《はっぴょう》されることがあります。また、速報《そくほう》と連動《れんどう》して、走っている電車を停止《ていし》させるしくみもつくられています。

放射能《ほうしゃのう》って、何？

「放射能《ほうしゃのう》が心配《しんぱい》だ！」という話を耳にしたことがありませんか。いったい何が、どのように心配《しんぱい》なのでしょう。

「放射能《ほうしゃのう》」は、言葉《ことば》の意味《いみ》を正しく考えると、「放射線《ほうしゃせん》」を出す能力《のうりょく》という意味《いみ》です。放射能《ほうしゃのう》が心配《しんぱい》というのは、少しくわしく考えると「放射線《ほうしゃせん》を出す物《もの》がわたしの近くにあるから、放射線《ほうしゃせん》を浴《あ》びてしまうかもしれない。放射線《ほうしゃせん》のせいで病気《びょうき》になるかもしれない。心配《しんぱい》だ」という意味《いみ》で使《つか》われている場合が多いと思います。

つまり、ほんとうに心配《しんぱい》しなければならないのは、放射線《ほうしゃせん》であり、その放射線《ほうしゃせん》を出している物《もの》（放射性物質《ほうしゃせいぶっしつ》といいます）ということですね。

それでは、放射線《ほうしゃせん》とは、なんでしょう。

放射線《ほうしゃせん》というのは、目に見えない大きなエネルギーの流《なが》れです。この流《なが》れにはいろいろな種類《しゅるい》があります。小さなつぶが飛《と》んでいる流《なが》れの「アルファ線」「ベータ線」と呼《よ》ばれるタイプと、光のなかまの「ガンマ線」と呼《よ》ばれるタイプがあります。また、放射性物質《ほうしゃせいぶっしつ》が出すものではありませんが、健康診断《けんこうしんだん》のときのレントゲン写真《しゃしん》で使《つか》う「エックス線《せん》」も、光のタイプの放射線《ほうしゃせん》です。


もしもホタルが放射性物質《ほうしゃせいぶっしつ》だとしたら…

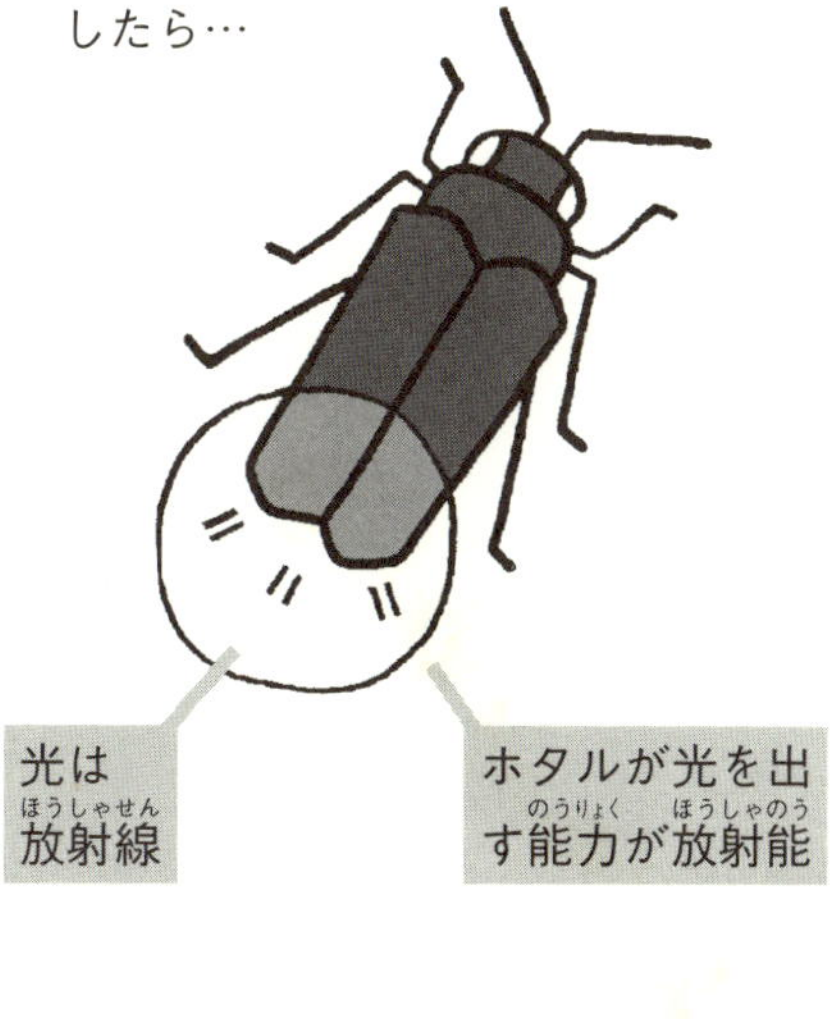

それぞれ性質《せいしつ》がちがっていて、アルファ線は、紙一枚《まい》でもさえぎることができ、ベータ線はアルミニウムの板《いた》でなら、うすくてもさえぎることができます。ところが、ガンマ線やエックス線は、鉛《なまり》や鉄《てつ》の厚《あつ》い板《いた》でないと、さえぎることができません。

放射線《ほうしゃせん》の量《りょう》を測《はか》る単位《たんい》には、ベクレルやシーベルトなどがあります。ニュースなどで、聞いたことがあるでしょう。ベクレルは、放射線《ほうしゃせん》がどれくらい出ているかを示《しめ》す単位《たんい》で、シーベルトは、放射線《ほうしゃせん》が人間のからだにどれだけのえいきょうをあたえるかを示《しめ》す単位《たんい》です。

放射線《ほうしゃせん》の種類《しゅるい》と通りぬけ方のちがい

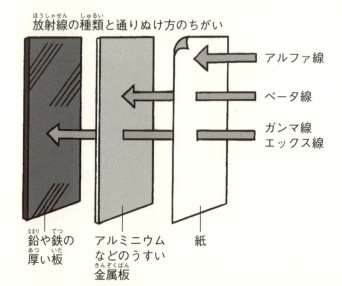

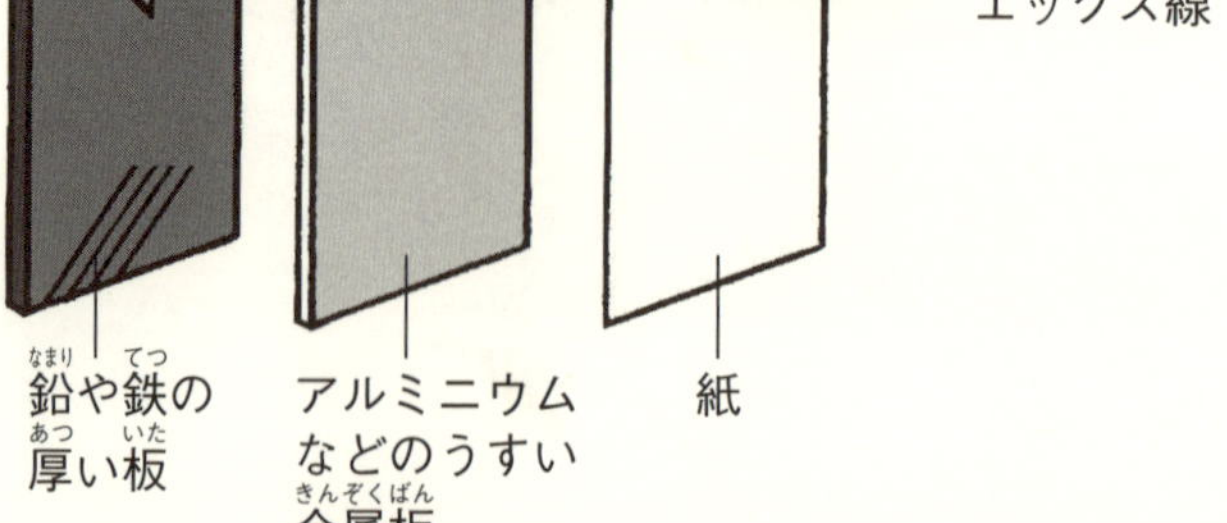

自然界《しぜんかい》では、空気中や岩石、食《た》べ物《もの》にも、ごくわずかですが放射性物質《ほうしゃせいぶっしつ》がふくまれているので、ふだんの生活でも、年間平均《へいきん》二・四ミリシーベルトの放射線《ほうしゃせん》を浴《あ》びているといわれます。また、胸《むね》のレントゲン写真《しゃしん》をとると、一回で〇・〇六〜〇・一五ミリシーベルトの放射線《ほうしゃせん》を浴《あ》びています。

原子力発電所《げんしりょくはつでんしょ》の中では、発電《はつでん》をするための熱《ねつ》を発生《はっせい》させる場所《ばしょ》で、人工的《じんこうてき》に多くの放射性物質《ほうしゃせいぶっしつ》がつくられるので、これらが外へ出ないようにしっかりふうじこめておかなければなりません。

放射線《ほうしゃせん》は、浴《あ》びる量《りょう》によっては、人のからだをつくっている細胞《さいぼう》の中の遺《い》伝子《でんし》が、こわされてしまい、将来《しょうらい》、がんになりやすくなるといわれています。放射線《ほうしゃせん》のことを正しく理解《りかい》して生活することが大切です。

知ってびっくり!!

放射線《ほうしゃせん》の、人体へのえいきょうを研究《けんきゅう》した科学者《かがくしゃ》
シーベルト物語《ものがたり》

二〇一一年の福島第一原子力発電所《ふくしまだいいちげんしりょくはつでんしょ》の事故以来《じこいらい》、「シーベルト」という言葉《ことば》をよく耳にするようになりました。

「シーベルト」は、放射線《ほうしゃせん》が人のからだに、どれだけえいきょうをあたえるかを示《しめ》す単位《たんい》で、放射線《ほうしゃせん》を研究《けんきゅう》した人の名前からつけられています。

シーベルトとは、どんな時代《じだい》の、どんな人だったのでしょうか。

シーベルト（1896〜1966年）

ロルフ・マキシミリアン・シーベルトは、一八九六年にスウェーデンで生まれました。お父さんが仕事《しごと》で大成功《だいせいこう》し、家はとても裕福《ゆうふく》でした。十七歳《さい》のときお父さんが亡《な》くなると、会社をほかの人に任《まか》せ、自分は、学校での勉強《べんきょう》に打《う》ちこみました。

シーベルトが生まれたころ、ドイツのレントゲン博士《はかせ》によって「エックス線《せん》」という放射線《ほうしゃせん》が発見《はっけん》されました。皮《ひ》ふや肉《にく》を通りぬけ、からだの骨《ほね》や内臓《ないぞう》を写《うつ》しだせるエックス線《せん》は、すぐに各地《かくち》の病院《びょういん》で使《つか》われはじめます。からだを切らなくても、中の様子《ようす》がわかるからです。

同じころ、キュリー夫妻《ふさい》が放射性物質《ほうしゃせいぶっしつ》を発見《はっけん》して「ラジウム」と命名《めいめい》し、その放射線《ほうしゃせん》で、がんなどの病気《びょうき》が治療《ちりょう》できることもわかりました。

エックス線《せん》を発見《はっけん》したレントゲン

しかし、放射線《ほうしゃせん》をたくさん浴《あ》びたことが原《げん》因《いん》で、病気《びょうき》になる人や、亡《な》くなる人も出てきました。そんな事実《じじつ》を知るうちにシーベルトは「放射線《ほうしゃせん》をあつかう人たちを守《まも》る仕事《しごと》がしたい」と思うようになりました。

大学で放射線《ほうしゃせん》のことを勉強《べんきょう》したあと、シーベルトはがんの治療《ちりょう》をする病院《びょういん》に勤《つと》めました。シーベルトの仕事《しごと》は、エックス線《せん》やラジウムをあつかう人が、どれぐらいの放射線《ほうしゃせん》を浴《あ》びているか測《はか》ることです。「放射線《ほうしゃせん》には、敬意《けいい》をはらいなさい。でないと患者《かんじゃ》だけでなく、あなたも危険《きけん》ですよ」というのが、シーベルトの口ぐせでした。

シーベルトは新しい器具《きぐ》や装置《そうち》を作るのが大好《だいす》きで、次《つぎ》から次《つぎ》へと役立《やくだ》つ道具《どうぐ》を発明《はつめい》し

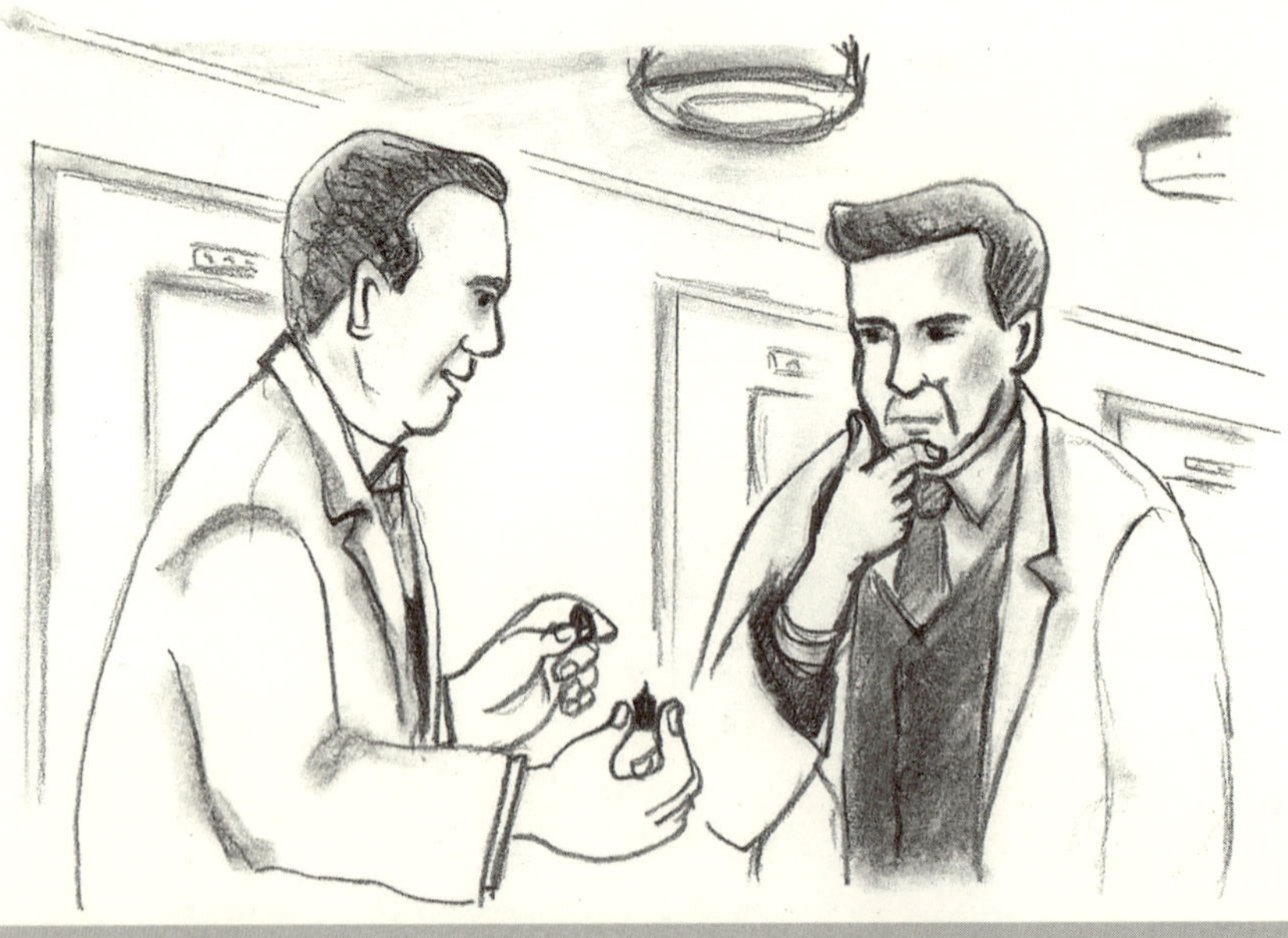

ました。
　一番の発明《はつめい》は、直径《ちょっけい》十四ミリほどの、とても細くて小さい、放射線《ほうしゃせん》を測《はか》る線量計《せんりょうけい》を作ったことです。この線量計《せんりょうけい》を、治療《ちりょう》する患者《かんじゃ》さんのすぐ近くに置《お》いて、測《はか》りながら放射線《ほうしゃせん》を当てれば、患者《かんじゃ》さんも病院《びょういん》で働《はたら》く人も、放射線《ほうしゃせん》の浴《あ》びすぎを防《ふせ》げます。小さくて便利《べんり》なので、病院《びょういん》などで広く使《つか》われるようになりました。
　また、シーベルトは、自然《しぜん》の中にふくまれる放射線《ほうしゃせん》を測《はか》ることにも熱心《ねっしん》でした。シーベルトの家の庭《にわ》は、いくつかの湖《みずうみ》や森があるとても広い庭《にわ》でしたが、そこで、空気や飲《の》み水《みず》の放射線量《ほうしゃせんりょう》を細かく調《しら》べました。
また、人のからだからも放射線《ほうしゃせん》が出ている

ことを明らかにしました。

測定《そくてい》をしているうち、シーベルトは、空気や飲《の》み水《みず》にふくまれる放射線量《ほうしゃせんりょう》がどんどん増加《ぞうか》していることを発見《はっけん》しました。ほかの国で行われた核実験《かくじっけん》や原子炉《げんしろ》の事故《じこ》で、放射性物質《ほうしゃせいぶっしつ》が国境《こっきょう》をこえて飛《と》んできていたためでした。

世界中《せかいじゅう》の人が、放射線《ほうしゃせん》の危険《きけん》にさらされている──。

シーベルトは、人びとを放射線《ほうしゃせん》から守《まも》ろうと、一九五八年に国際放射線防護委員会《こくさいほうしゃせんぼうごいいんかい》の委員長《いいんちょう》になり、放射線量《ほうしゃせんりょう》の基準《きじゅん》を決《き》めました。この基準《きじゅん》は今も、放射線《ほうしゃせん》から人を守《まも》るための大切なものとなっています。

このような功績《こうせき》によって、放射線《ほうしゃせん》が人のからだにあたえるえいきょうを測《はか》る単位《たんい》に「シーベルト」の名が使《つか》われるようになりました。

からだの、なぜ？ どうして？

文・入澤宣幸

絵・森のくじら

視力検査《しりょくけんさ》では、どうして「C《シー》」のマークを使《つか》うの？

視力検査《しりょくけんさ》では、上下左右を向《む》いた「C《シー》」の形《かたち》のマークを使《つか》い、切れ目がどちらにあるかを答えますね。このC《シー》の形《かたち》のマークを「ランドルト環《かん》」といいます。視力《しりょく》を測《はか》るのに、たいへん便利《べんり》なので、国際的《こくさいてき》に視力検査《しりょくけんさ》に用いられています。

視力《しりょく》は、人によって差《さ》があります。自分でも気づかないうちに視力《しりょく》が弱くなっていることもあるので、視力《しりょく》を測《はか》ることは世界中《せかいじゅう》の人にとって必要《ひつよう》なことです。

ランドルト環《かん》は文字ではないので、どこの国でも共通《きょうつう》して使《つか》えます。また、切れ目のあるほうを指《さ》ししめせばよいので、小さな子どもでも検査《けんさ》が難《むずか》しくありません。

ランドルト環《かん》は、フランスの眼科医《がんかい》エドマンド・ランドルトが開発《かいはつ》しました。視力《しりょく》の基準《きじゅん》を定《さだ》めやすく、また、だれもがまねをして作れるように、単純《たんじゅん》な記号《きごう》として考えだされました。

そして、一九〇九年に、イタリアで開《ひら》

視力表《しりょくひょう》（視力《しりょく》チャート）

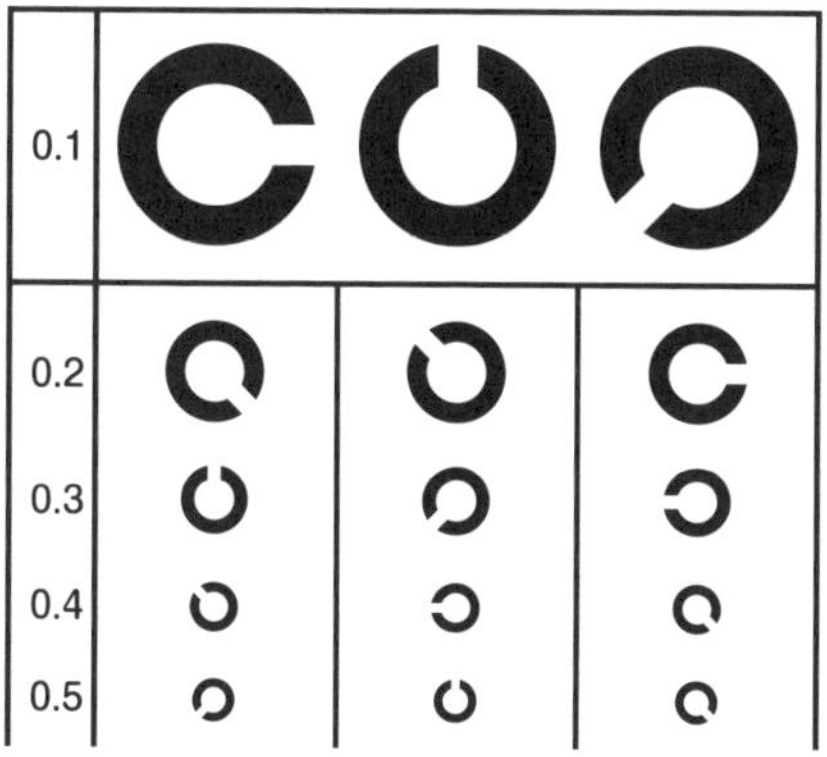

ランドルト環《かん》

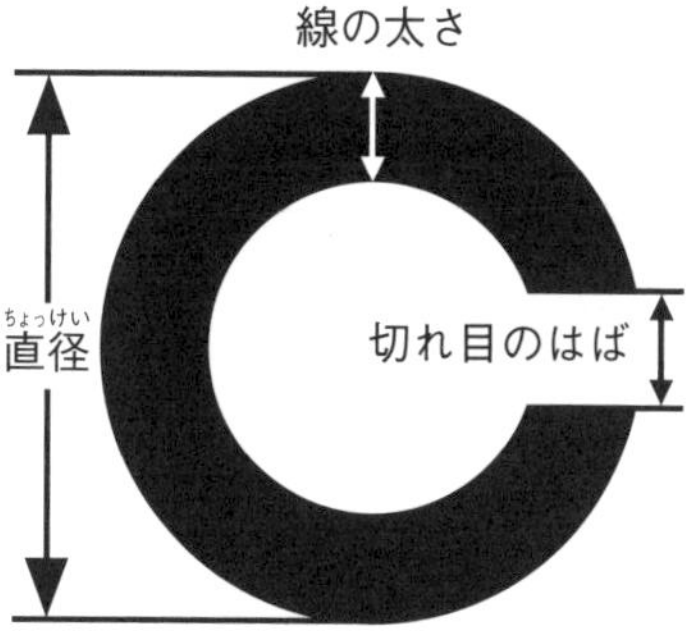

線の太さと切れ目のはばは、直径《ちょっけい》の５分の１になっている。

かれた国際眼科学会《こくさいがんかがっかい》で、ランドルト環《かん》が視力検査《しりょくけんさ》の国際的《こくさいてき》な基準《きじゅん》として、採用《さいよう》されることになりました。

　C《シー》の線の太さは、C《シー》の直径《ちょっけい》の五分の一と決《き》まっています。そして切れ目のはばは、線の太さと同じです。つまり、直径《ちょっけい》七・五ミリメートルのC《シー》の場合は、太さも切れ目のはばも一・五ミリメートルになります。このC《シー》を五メートルはなれた場所《ばしょ》から見て視力《しりょく》を測定《そくてい》します。

　五メートルはなれた場所《ばしょ》から、直径《ちょっけい》七・五ミリメートルのランドルト環《かん》を見

視力検査《しりょくけんさ》の国際基準《こくさいきじゅん》

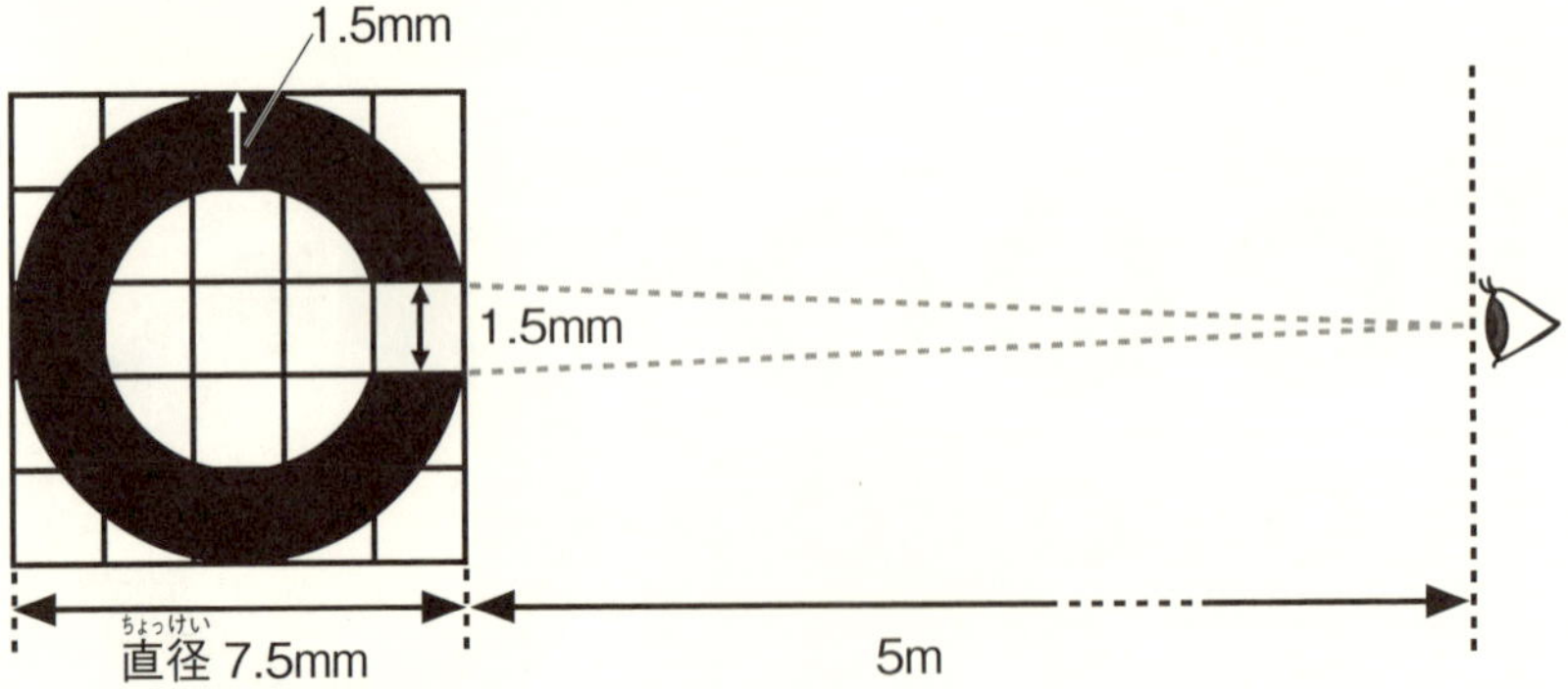

このようにして測定《そくてい》され、これが見えると、視力《しりょく》 1.0 と定《さだ》める。

て、切れ目の向《む》きがわかる視力《しりょく》を一・〇と定《さだ》めました。

視力検査《しりょくけんさ》には、ほかの記号《きごう》が使《つか》われることもあります。

アメリカでは「E《イー》チャート」という記号《きごう》がよく使《つか》われ、最近《さいきん》、日本でも見かけるようになりました。ランドルト環《かん》と同様《どうよう》に、E《イー》の線が空いているほうはどちらか、とたずねて検査《けんさ》します。

あなたも、自分の視力《しりょく》がどれくらいか、常《つね》に知っておくとよいですね。

昔《むかし》の人は、どうして今より寿命《じゅみょう》が短《みじか》かったの？

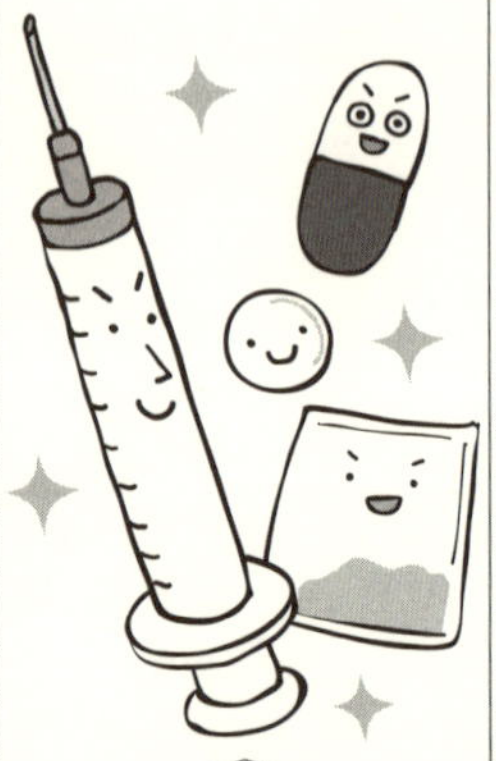

あなたは生まれてから今まで、大きな病気《びょうき》や事故《じこ》もなく、過《す》ごしてこられましたか。昔《むかし》は、今に比《くら》べて赤ちゃんのうちに亡《な》くなってしまう人がたくさんいました。医学《いがく》が発達《はったつ》していなかった時代《じだい》は、抵抗力《ていこうりょく》の弱い赤ちゃんが病《びょう》気《き》になると、治《なお》らないことが多かったのです。

赤ちゃんばかりとは限《かぎ》りません。年をとって病気《びょうき》になった場合でも、多くの人が亡《な》くなりました。薬《くすり》は限《かぎ》られ、手術《しゅじゅつ》も進歩《しんぽ》していなかったからです。

また、一九四五年から日本は戦争《せんそう》をしていませんが、それ以前《いぜん》は、何度《なんど》となく戦争《せんそう》がくりかえされてきました。戦死《せんし》した人や、戦争《せんそう》の被害《ひがい》にあって亡《な》くなった人も、たくさんいたのです。

しかし、ここ百五十年くらいの間に、医学《いがく》は大はばに進歩《しんぽ》しました。フランスのルイ・パスツールは、空気中の目に見えない「細菌《さいきん》」が病気《びょうき》を引きおこすと予想《よそう》し、研究《けんきゅう》を進《すす》めました。そして、病気《びょうき》のもととなる細菌《さいきん》（病原《びょうげん》菌《きん》）の弱いもの（ワクチン）を注射《ちゅうしゃ》すると、その病気《びょうき》になりにくいことを発《はっ》見《けん》しました。一八七九年のことです。

これがきっかけとなり、さまざまな病原菌《びょうげんきん》や「ウイルス」が見つかり、ワクチンが作られました。例《たと》えばBCG《ビーシージー》という結核《けっかく》のワクチンができたおかげで、結核《けっかく》で死《し》ぬ人が激減《げきげん》しました。日本の医学者《いがくしゃ》も、破傷風菌《はしょうふうきん》や赤痢菌《せきりきん》などを研究《けんきゅう》し、多くの人の命《いのち》を救《すく》いました。

病原菌《びょうげんきん》を殺《ころ》す薬《くすり》「抗生物質《こうせいぶっしつ》」が発見《はっけん》され、大《たい》量《りょう》に作られるようになったのは、一九四〇年のことです。イギリスのアレキサンダー・フレミングがペニシリンという抗生物質《こうせいぶっしつ》を発見《はっけん》したのが最初《さいしょ》です。ペニシリンは、傷口《きずぐち》の炎症《えんしょう》や化膿《かのう》、肺炎《はいえん》、食中毒《しょくちゅうどく》、中耳炎《ちゅうじえん》などの病原菌《びょうげんきん》を殺《ころ》すことができました。

その後、次《つぎ》つぎと新しい抗生物質《こうせいぶっしつ》が発見《はっけん》され、今では多くの病気《びょうき》を治《なお》せるようになりました。

また、一八九五年にドイツの学者《がくしゃ》レントゲンが発見《はっけん》したエックス線《せん》も、医《い》学《がく》におおいに役立《やくだ》ちました。エックス線《せん》をからだに当てると、外側《そとがわ》からはわからない病気《びょうき》を見つけることができるようになったからです。

今では、日本は世界有数《せかいゆうすう》の長生き国です。日本では、じゅうぶんな食料《しょくりょう》やきれいな水が手に入り、社会制度《しゃかいせいど》が充実《じゅうじつ》していることも寿命《じゅみょう》をのばしている要因《よういん》です。国民全体《こくみんぜんたい》が昔《むかし》よりも豊《ゆた》かになったため、貧《まず》しくて病院《びょういん》へ行けない人も減《へ》りました。

日本人の平均寿命《へいきんじゅみょう》は明治時代《めいじじだい》から現代《げんだい》にかけて、急激《きゅうげき》にのびました。明治《めいじ》二十年代《ねんだい》に男性《だんせい》・女性《じょせい》ともに四十歳《さい》だった平均寿命《へいきんじゅみょう》は、昭和《しょうわ》二十年代《ねんだい》には、男女ともに五十歳《さい》をこえました。さらに平成《へいせい》二十九年になると、男性《だんせい》が八十一・〇九歳《さい》、女性《じょせい》は八十七・二六歳《さい》までのびました。

ストレスがたまると、どうなるの？

ストレスとは、からだや心に感《かん》じる、不快《ふかい》な気持《きも》ちや苦痛《くつう》をいいます。例《たと》えば、友だちとの関係《かんけい》がうまくいかなかったり、親とわかりあえないときなどにストレスを感《かん》じます。ストレスがたまると、どうなるのでしょう。ストレスを意識《いしき》しすぎると、かえってストレスになってしまうこともあります。しかし実際《じっさい》は、ストレスは、たまらないようなしくみになっています。ストレスは、そもそもカナダの科学者《かがくしゃ》、ハンス・セリエが一九三六年ごろ

に生物学《せいぶつがく》で使《つか》いはじめた言葉《ことば》です。生《い》き物《もの》が外から受《う》けるしげきで、苦痛《くつう》と感《かん》じることをストレスと表現《ひょうげん》しました。

今、わたしたちは、ストレスという言葉《ことば》を、「心で感《かん》じる苦痛《くつう》」という意味《いみ》で使《つか》うことが多いようです。

では、心とは、どこにあるのでしょう。心は脳《のう》にあります。つらい、心配《しんぱい》、イライラ……このような苦痛《くつう》は、脳《のう》で感《かん》じています。それとは反《はん》対《たい》の、楽しい、気持《きも》ちいい、がんばりたい……といった意欲的《いよくてき》な気持《きも》ちも脳《のう》が感《かん》じています。

人間の脳《のう》はよくできていて、苦痛《くつう》を感《かん》じても

そのうち慣《な》れてきて、たいして苦痛《くつう》ではなくなります。苦痛《くつう》をばねに、がんばろうという気持《きも》ちになることもあります。

また、自分と同じようにつらい人もいるはず、と思えば楽になります。家《か》族《ぞく》や友だちに話してなぐさめてもらい、温《あたた》かい気持《きも》ちになることもあります。泣《な》いたり、おこったり、大声でわめいたりして、気持《きも》ちが落《お》ちつくこともあります。

つまり、苦痛《くつう》を受《う》けつづけないように脳《のう》がうまく調整《ちょうせい》しているのです。ストレスがたまったと思っても、いつの間にか、ストレスを解決《かいけつ》していて、実《じっ》際《さい》には、たまっていないことも多いのです。「自分にはストレスが多い」「自分は不幸《ふこう》だ」などと思うことは、そのことがストレスの原因《げんいん》になります。

脳《のう》は神経《しんけい》の集《あつ》まりです。脳《のう》が苦痛《くつう》を感《かん》じると、神経《しんけい》と神経《しんけい》をつなぐ部分《ぶぶん》から何種類《なんしゅるい》かの物質《ぶっしつ》が出ます。意欲的《いよくてき》にさせる物質《ぶっしつ》、興奮《こうふん》させる物質《ぶっしつ》、おだやかな気持《きも》ちにさせる物質《ぶっしつ》などです。この物質《ぶっしつ》の量《りょう》で、気持《きも》ちが暗《くら》くなりすぎないように、また逆《ぎゃく》に、明るくなりすぎないようにコントロールされているのです。これは、脳《のう》にもともと備《そな》わっているしくみです。

しかし、ストレスではないかと気にしすぎることでストレスがたまり、神《しん》経《けい》から出る物質《ぶっしつ》のバランスがくずれることもあります。その結果《けっか》、人と会いたくなくなったり、不安《ふあん》な気持《きも》ちが続《つづ》いたりすることもあります。

そのような人は、家族《かぞく》や友だち、先生と話したり、学校のカウンセラーや専門《せんもん》の医師《いし》などに相談《そうだん》するのがよいでしょう。

大声を出すと、力が出るって、ほんとう？

重量挙《じゅうりょうあ》げやハンマー投《な》げなどの競技《きょうぎ》を見たことがありますか。選手《せんしゅ》たちは、バーベルを持《も》ちあげたり、ハンマーを投《な》げたりするときに、「ウオーッ」と大きな声を出すことがあります。大きな声を出すと、大きな力が出るのです。

大きな声を出すときは、筋肉《きんにく》を働《はたら》かせなくてはなりません。通常《つうじょう》は大人の人で一回の呼吸《こきゅう》で、肺《はい》に〇・五リットルの空気が入りますが、大きく吸《す》いこむと、その五倍《ばい》くらいまで入ります。大声を出すときは、その空気を一気にのどに通します。そのとき、「横隔膜《おうかくまく》」という肺《はい》の下にある筋肉《きんにく》をはじめ、おなかや胸《むね》やかたや背中《せなか》など、いろいろな筋肉《きんにく》がぎゅっと引きしまります。

大きな声を出すときに使《つか》う筋肉《きんにく》は、物《もの》を持《も》ちあげたり投《な》げたりするときに使《つか》う筋肉《きんにく》と共通《きょうつう》する部分《ぶぶん》が多いので、大声を出すことが力を出すことにつながるのです。ハンマー投《な》げの選手《せんしゅ》は、投《な》げおわったあとでも声を出していることが、よくあります。ハンマーから手をはなすのはほんの一瞬《いっしゅん》なので、出したパワーをすぐにゆるめることができず、声として出しきっているのでしょう。

また、これとは別《べつ》に、声を出すことで力が出ることを示《しめ》す、次《つぎ》のような実験《じっけん》もあります。固定《こてい》された棒《ぼう》を逆手《さかて》でつかみ、力こぶをつくるときのようにうでに力を入れます。その力を測《はか》ると、声を出したときのほうが強い力が出ていることがわかりました。

人間は、脳《のう》の働《はたら》きで、知らず知らずのうちに、自分の出せる筋肉《きんにく》の力をおさえようとしています。いつも限界《げんかい》まで走ったり泳《およ》いだりしていたら、心拍数《しんぱくすう》が上がりすぎたり、酸素不足《さんそぶそく》になったりして、からだに危険《きけん》があるかもしれません。ところが、大きな声を出して自分に聞かせると、脳《のう》がしげきを受《う》けます。

声を出さなかったとき　声を出したとき

すると、そのしげきが、筋肉《きんにく》をおさえる働《はたら》きを解《と》きはなつ効果《こうか》があると考えられています。それで、ふだんよりも大きな力が出せるのです。実験《じっけん》を重《かさ》ねた結果《けっか》、声を出すことで約《やく》五～七パーセント、力が増《ま》すというデータもあります。

また、つかれているときに声を出すと、再《ふたた》び強い力が出ることもわかっています。バレーボールなどの団体競技《だんたいきょうぎ》では、常《つね》に選手《せんしゅ》が大きな声をかけあっています。運動会《うんどうかい》のつな引きでは、全員《ぜんいん》で声を出しあいます。声を出してリズムをとると同時に、そろそろからだを休ませようとする脳《のう》にしげきをあたえ、筋肉《きんにく》に力を出しつづけさせる効果《こうか》があるのです。

これらの効果《こうか》を、だれもが意識《いしき》してやっているかどうかはわかりません。おそらくわたしたち人間は、大昔《おおむかし》から無意識《むいしき》のうちに大きな声を出して、自分の力を増大《ぞうだい》させてきたのでしょう。

人間の赤ちゃんが、生まれてすぐに立てないのは、なぜ？

イヌやネコの赤ちゃんは、生まれて間もなく歩けるようになります。ウマやキリンの赤ちゃんは、生まれて一分もたたないうちに立ちあがって歩きます。

しかし、人間の赤ちゃんが立って歩けるようになるには、約《やく》一年かかります。

その一年の間に、人間の赤ちゃんは、まわりの人たちか

おなかがすいたときなど、泣《な》き方《かた》に変化《へんか》が生まれる。

らたくさんのことを学びます。歩くことはできませんが、しがみつくことだけはできます。まわりの人にだかれながら、少しずつ手を細かく動《うご》かせるようになり、足腰《あしこし》がじょうぶになってくると、自分で動《うご》きまわれるようになります。そして、だんだんと言葉《ことば》を覚《おぼ》えます。

生まれてすぐに立って自分を守《まも》ってくれる人からはなれるより、そばにいるほうが、人間にとってはずっとよいことなのです。

動物《どうぶつ》は、教わらなくてもできることがあります。例《たと》えば食べることです。おなかがすけば、自分に合った食《た》べ物《もの》を口に入れられます。ちゃんとかんで飲《の》みこむこともできます。危《あぶ》ないものからは、にげることができます。これらは

3か月ごろ

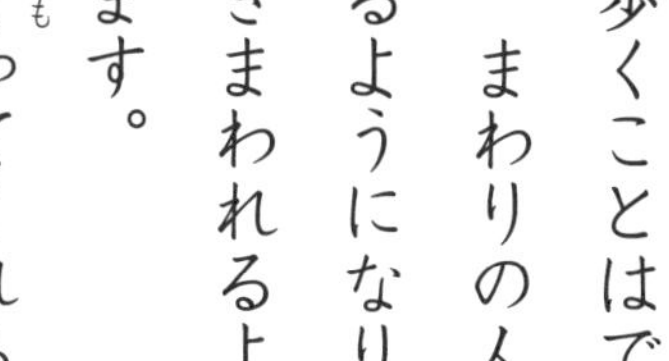

おもちゃを手でぎゅっと、にぎるようになる。

5か月ごろ

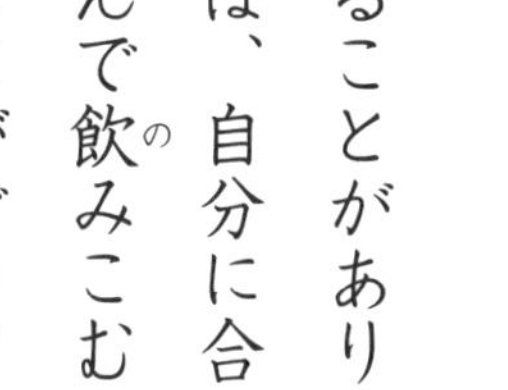

うつぶせになって顔を上げられる。

生まれつき持《も》っている能力《のうりょく》です。

ウマやキリンの赤ちゃんは、備《そな》わっている生まれつきの能力《のうりょく》だけでもなんとか生きていけます。生まれてすぐに、クマやライオンに見つかったとしても、自分の力でなんとかにげだすことができます。そのため、母親のおなかの中で、じゅうぶんに育《そだ》ってから生まれることがとても重要《じゅうよう》なのです。

しかし、人間は、生まれつきの能力《のうりょく》だけでは生きられません。まわりの人たちと助《たす》けあって生きていく動物《どうぶつ》だからです。それに人間は、火や道具《どうぐ》を使《つか》えるので、野生《やせい》動物《どうぶつ》からにげる必要《ひつよう》は、ほとんどありません。

生まれてすぐ立てることよりも、一人で立てるように

6か月ごろ

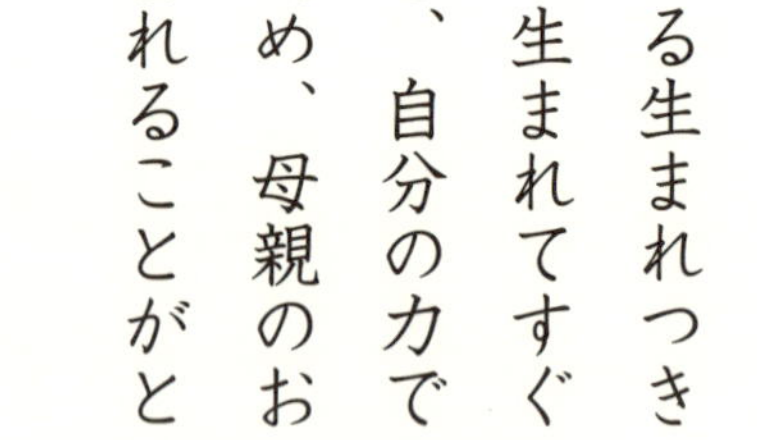

いろいろな声を
出せるようになる。

7か月ごろ

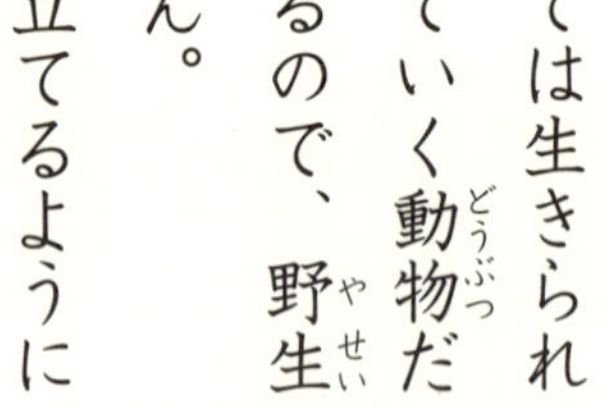

はいはいのような
しぐさをする。

なるまでの間、まわりからの愛情《あいじょう》をたっぷり受《う》け、豊《ゆた》かな感情《かんじょう》を身《み》につけることのほうが、ずっと大切なのです。
人間は生まれてすぐには、できないことが多いぶん、ゆっくり時間をかけて、まわりから多くのことを学びます。学べば学ぶだけ、できることがどんどん増《ふ》えていくことが、人間のよいところだといえるでしょう。

9か月ごろ

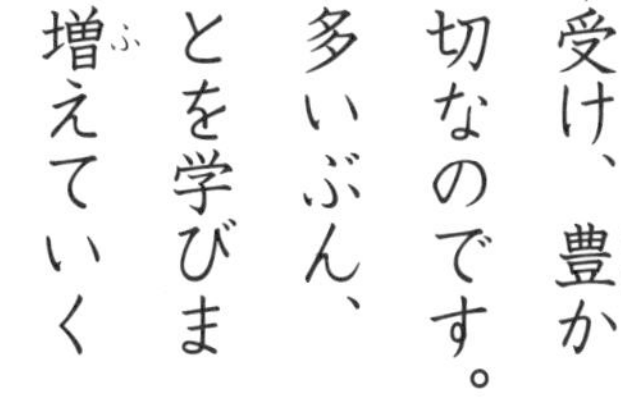

「バイバイ」が
できるようになる。

11か月ごろ

ようやく、つかまり立ちが
できるようになる。

ビタミンは、なぜ必要《ひつよう》なの？

人間のからだが必要《ひつよう》とする栄養素《えいようそ》には、たんぱく質《しつ》や炭水化物《たんすいかぶつ》、脂質《ししつ》、ビタミンなどがあります。ビタミンには、からだの調子《ちょうし》を整《ととの》える働《はたら》きがあります。

一五〇〇年ごろ、ヨーロッパ人が大きな船団《せんだん》で、遠くアジアやアメリカ大《たい》陸《りく》を訪《おとず》れていました。あるとき、船員《せんいん》が、歯《は》ぐきから血《ち》が出て歯《は》がぬけ、けがをしたときに血《ち》が止まりにくくなる病気《びょうき》（壊血病《かいけつびょう》）にかかり、大勢《おおぜい》が死《し》んでしまったのです。しかし、一七五〇年ごろ、航海中《こうかいちゅう》に青菜《あおな》や新せんな野菜《やさい》、じゅくした果物《くだもの》などを持《も》ちこんで食べると、病気《びょうき》にかからないことがわかりました。

また、日本でも、明治時代《めいじじだい》、海軍《かいぐん》の水兵《すいへい》たちの間で、からだの力がぬけて立てなくなるという病気《びょうき》がはやりました。これは脚気《かっけ》と呼《よ》ばれる病気《びょうき》でした。ところが、水兵《すいへい》たちの食事《しょくじ》を白米中心から麦飯《むぎめし》や肉やおかずの多い食事に変《か》えると、脚気《かっけ》にならないことがわかりました。

このように、何かの栄養素《えいようそ》が足りない食生活《しょくせいかつ》が続《つづ》くと、病気《びょうき》になることがあるのです。

一九一一年、ポーランドのカシミール・フンクという学者《がくしゃ》が、米ぬかから脚気《かっけ》を防《ふせ》ぐ成分《せいぶん》を取《と》りだすことに成功《せいこう》し、これを「ビタミン」と名づけました。米ぬかとは、玄米《げんまい》を白米にするときに取《と》りさる、皮《かわ》の部分《ぶぶん》です。それをきっかけに、いろいろな種類《しゅるい》のビタミンが見つかり、フンクの取《と》りだした「ビタミン」は、その後、ビタミンB1《ビーワン》という名前になりました。

　実《じつ》は日本人の鈴《すず》木《き》梅《うめ》太《た》郎《ろう》が、フンクの見つける一年前に、やはり米ぬかから同じ成分《せいぶん》を発見《はっけん》して、オリザニンと名づけて発表《はっぴょう》したのですが、日本語で論文《ろんぶん》を書いたため、世界《せかい》に広まりませんでした。

　壊血病《かいけつびょう》を防《ふせ》ぐ成分《せいぶん》は、一九二七年にハンガリー出身《しゅっしん》のセント・ジェル

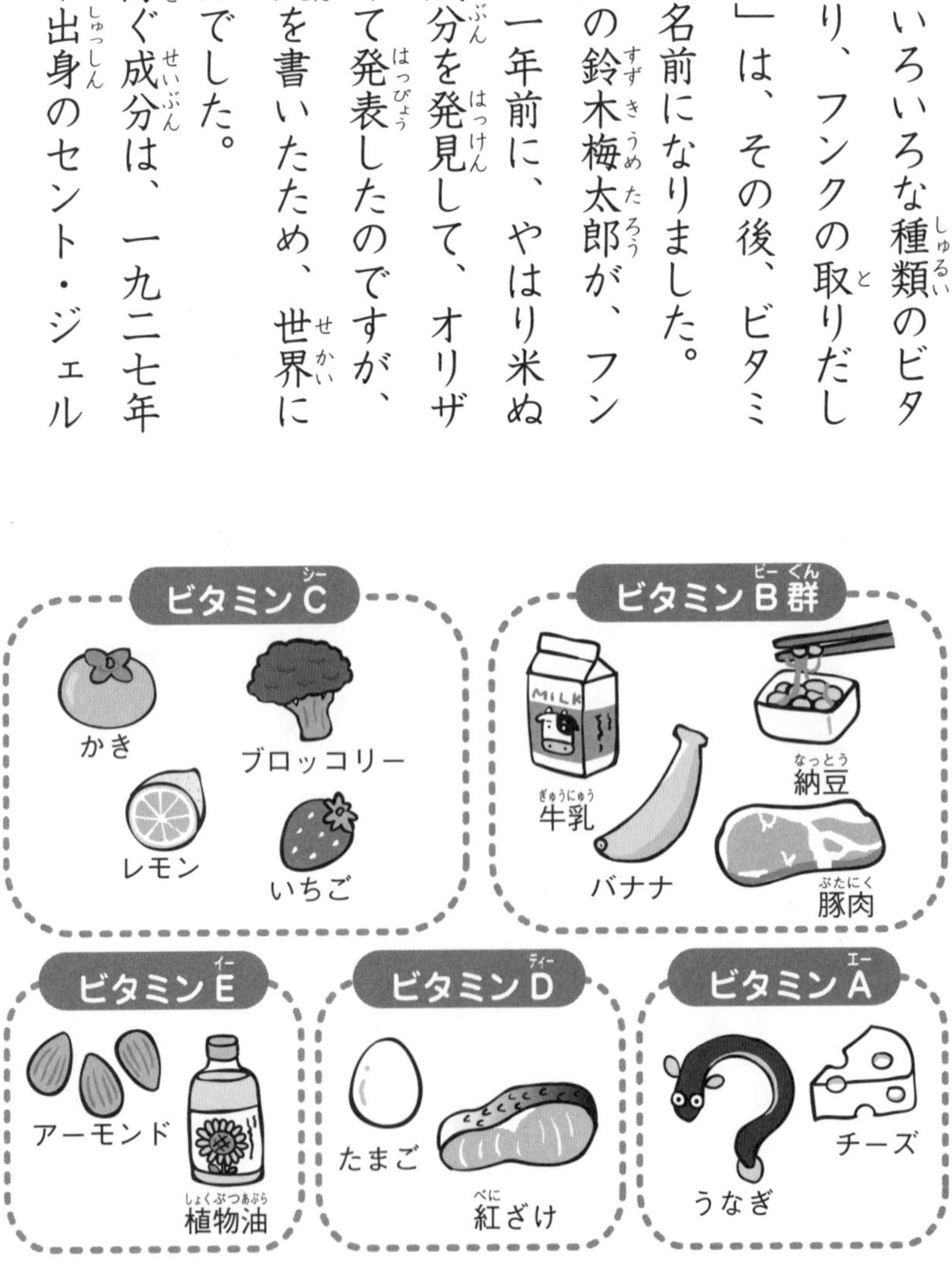

ジが発見《はっけん》し、ビタミンC《シー》と名づけられました。同時にビタミンC《シー》が、野菜《やさい》や果物《くだもの》にふくまれていることもわかりました。

人間のからだには、見たり聞いたり、運動《うんどう》したり考えたり、さまざまな機能《きのう》があります。それらの機能《きのう》が、とどこおりなく働《はたら》くように調整《ちょうせい》するのが、ビタミンの役目《やくめ》です。

動物《どうぶつ》の中には、草だけしか食べないものや、肉だけしか食べないものがいます。それら大部分《だいぶぶん》の動物《どうぶつ》は、必要《ひつよう》なビタミンを自分のからだの中でつくることができます。しかし、人間はビタミンをからだの中でほとんどつくることができません。それは、食《た》べ物《もの》からビタミンを十分にとることができたからだと考えられています。

好《す》ききらいをせずに、なるべく多くの種類《しゅるい》の物《もの》を食べて、ビタミン不足《ぶそく》にならないように気をつけましょう。

お化粧《けしょう》は、はだにいいの、よくないの？

化粧品《けしょうひん》のコマーシャルに、女優《じょゆう》やモデルの人たちが、とても上手にメイクをして登場《とうじょう》します。それらを見ていると、自分でも化粧品《けしょうひん》を使《つか》ってみたいと思う人がいるかもしれません。でも、子どものうちから化粧《けしょう》をすると、はだによくないといいます。ほんとうでしょうか。

化粧品《けしょうひん》をぬることは、はだに悪《わる》いわけではありません。しかし、きれいに洗《あら》いおとさなかったとき、赤くなったり、ぶつぶつができたり、はだがあれる原因《げんいん》になります。また、洗《あら》いおとしすぎて、はだの油分《ゆぶん》までなくなって、カサカサになることもあります。子どもは成長《せいちょう》している真《ま》っ最中《さいちゅう》なので、こうした、はだの手入れのかげんが、大人よりも難《むずか》しいのです。

昔《むかし》は「色の白いは七難《しちなん》かくす」といわれ、白いはだがおおいにもてはやされていました。七難《しちなん》とは多くの欠点《けってん》ということで、「はだの白い女性《じょせい》は、多少欠点《けってん》があっても美《うつく》しく見える」という意味《いみ》でした。

そのため、「水銀《すいぎん》」や「鉛《なまり》」を材料《ざいりょう》にした、はだにぬったときに美《うつく》しく見えるおしろいという白い粉《こな》が使《つか》われました。ところが水銀《すいぎん》や鉛《なまり》は有毒《ゆうどく》な金属《きんぞく》なので、毛あななどから体内に入って、内臓《ないぞう》や脳《のう》の病気《びょうき》にかかる女性《じょせい》が多くいました。

今の化粧品《けしょうひん》でこのようなことは、ほとんどありません。しかし、化粧品《けしょうひん》は、はだの見た目を変《か》えますが、はだそのものを美《うつく》しく成長《せいちょう》させる効果《こうか》があるわけではないことを覚《おぼ》えておきましょう。

はだに関《かん》することで、お化粧《けしょう》以外《いがい》にも大切なことがあります。

それは太陽《たいよう》からの紫外線《しがいせん》です。

紫外線《しがいせん》は人間にとって必要《ひつよう》な光です。紫外線《しがいせん》に当たることでビタミンD《ディー》がつくられます。ビタミンD《ディー》が不足《ふそく》すると、健《けん》康《こう》な骨《ほね》がつくれず、背中《せなか》が曲《ま》がったり、

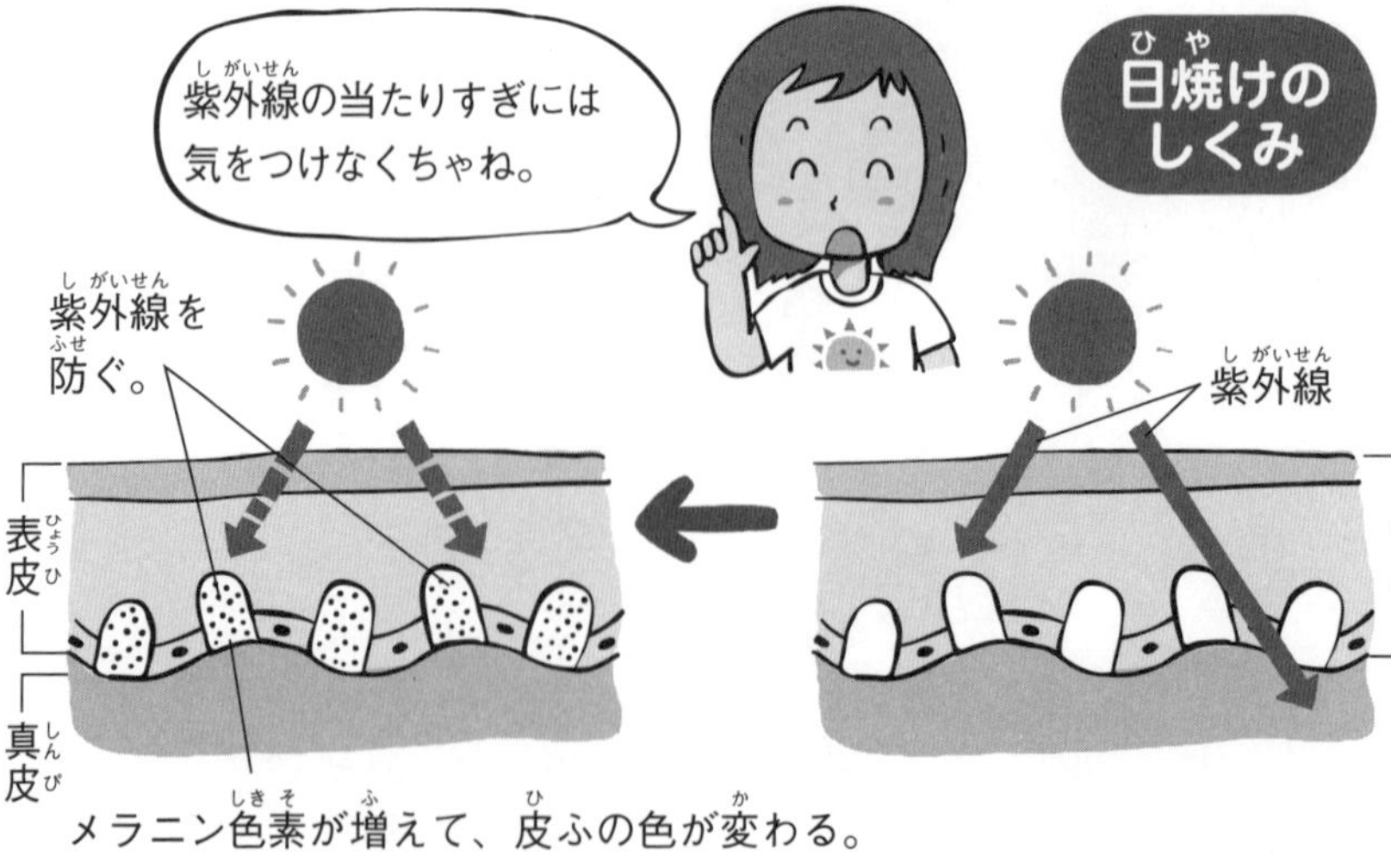

中にすきまの多い弱い骨《ほね》になったりします。また、紫外線《しがいせん》のエネルギーで、菌《きん》を殺《ころ》すこともできます。

しかし紫外線《しがいせん》は、ほかの光よりも強いエネルギーを持《も》っていて、人間の皮《ひ》ふに当たると、皮《ひ》ふの組織《そしき》を変化《へんか》させ、傷《きず》つけてしまうのです。

そのため、皮《ひ》ふは紫外線《しがいせん》に当たると、「メラニン色素《しきそ》」という物質《ぶっしつ》をつくり、からだを守《まも》ります。「メラニン色素《しきそ》」が皮《ひ》ふの外側《そとがわ》（表皮《ひょうひ》）に増《ふ》えて、皮《ひ》ふの色が変《か》わるのが日焼《ひや》けです。日焼《ひや》けすることで、紫外線《しがいせん》が皮《ひ》ふの内側《うちがわ》まで入ってくるのを防《ふせ》いでいるのです。

ただ、紫外線《しがいせん》に当たりすぎると、しみやそばかすが増《ふ》えたり、年をとってから小じわが多くなったりします。皮《ひ》ふがんの原因《げんいん》にもなるといわれます。

紫外線《しがいせん》にも関心《かんしん》を持《も》って、健康《けんこう》と、はだの大切さを忘《わす》れないようにしたいものです。

知ってびっくり!!

皮《ひ》ふのことを知って、ぴっかぴかおはだに！

人間の一番外側《そとがわ》をおおっている皮《ひ》ふ。皮《ひ》ふは、からだを守《まも》っている大事《だいじ》なものです。大切にきれいにしておきたいですね。

それには、どんなところに、気をつけたらよいのでしょう。

あかの取《と》りすぎには要注意《ようちゅうい》！

皮《ひ》ふは、表面《ひょうめん》から内側《うちがわ》へ、表皮《ひょうひ》、真皮《しんぴ》、皮下組織《ひかそしき》の、三層《さんそう》になっています。表皮《ひょうひ》の最下層《さいかそう》では、常《つね》に新しい表皮《ひょうひ》がつくられて、表面《ひょうめん》へおしあげられています。そして、はがれおちたものが「あか」です。あかをこすりとるとき、表皮《ひょうひ》まで取《と》らないように、こすりすぎに気をつけましょう。

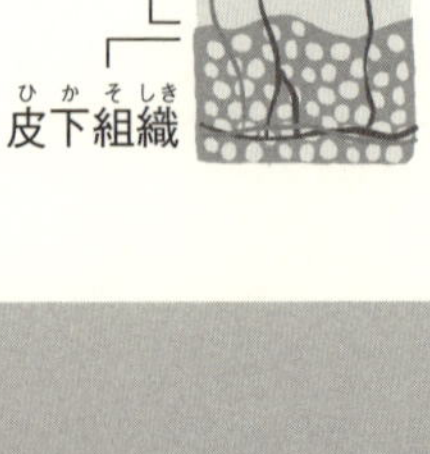

清《せい》けつにしすぎも気をつけて！

頭《とう》皮《ひ》もかみの毛も、清《せい》けつにしておきたいですね。しかし、洗《あら》いすぎると頭《とう》皮《ひ》はカサカサに、かみの毛はバサバサになります。

真皮《しんぴ》には、皮脂《ひし》せんがあります。ここから出る油分《ゆぶん》は、はだや毛にうるおいをあたえます。しかし洗《あら》いすぎると、うるおいまで落《お》としてしまうのです。

かみの毛のパサつきが気になる場合《ばあい》は、シャンプーのあとにトリートメント剤《ざい》を使《つか》うとよいでしょう。

コラーゲンは、はだをつやつやにするの？

皮《ひ》ふは、主《おも》にコラーゲンというたんぱく質《しつ》でできています。

コラーゲンをふくむ食品《しょくひん》をとると皮《ひ》ふがつやつやになるといわれます。しかし、食べたコラーゲンは、いったんからだの中で消化《しょうか》されてアミノ酸《さん》に分解《ぶんかい》されます。

そして、アミノ酸《さん》は、からだに必要《ひつよう》なたんぱく質《しつ》につくりかえられるので、必《かなら》ずしも皮《ひ》ふに使《つか》われるとは限《かぎ》りません。

バランスのよい食事《しょくじ》をとることが、大切です。

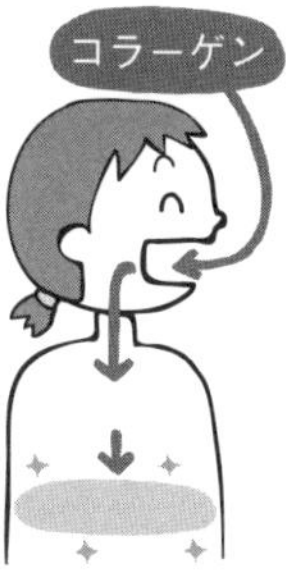

UV《ユーブイ》カットの日焼《ひや》け止《ど》め効果《こうか》は？

表皮《ひょうひ》は、紫外線《しがいせん》が当たると日焼《ひや》けします。地上へ届《とど》く紫外線《しがいせん》には、A《エー》とB《ビー》の二種類《しゅるい》があるので、日焼《ひや》けも二種類《しゅるい》あります。日焼《ひや》け止《ど》めには、紫外線《しがいせん》をさえぎるUV《ユーブイ》カットクリームなどが使《つか》われます。紫外線《しがいせん》は、英語《えいご》でウルトラバイオレットレイズ（ultraviolet rays）といい、UV《ユーブイ》とは、その中の文字です。UV《ユーブイ》カットクリームにPA《ピーエー》と書いてあったら、これは紫外線《しがいせん》A《エー》をさえぎる効果《こうか》のことです。＋の印《しるし》が多いほど効果《こうか》があります。PA《ピーエー》＋＋＋なら「非《ひ》常《じょう》に効果《こうか》がある」という印《しるし》です。

SPF《エスピーエフ》は、紫外線B《しがいせんビー》をさえぎる効果《こうか》を表《あらわ》します。日本人の多くが、日光浴《にっこうよく》をすると約《やく》十五～二十分ではだが赤くなりはじめます。SPF《エスピーエフ》30とは、赤くなるまでの時間を三十倍《ばい》、引きのばせるという意味《いみ》です。つまりぬっておくと、赤くなるまで20×30で六百分かかるということです。日光を浴《あ》びている時間や場所《ばしょ》に合わせてSPF《エスピーエフ》の数値《すうち》を選《えら》び、時間がたったり汗《あせ》をかいたりしたらぬりなおすことで、紫外線《しがいせん》を防《ふせ》げます。

文・入澤宣幸　絵・森のくじら　知ってびっくり！マーク・森 佳世

国・社会の、なぜ？ どうして？

文・高橋みか（112 ～ 134 ページ） 渋谷典子（135 ～ 137 ページ）
絵・森 佳世

小学生は、なぜ議員《ぎいん》を選《えら》ぶ選挙《せんきょ》に参加《さんか》できないの？

学級委員《がっきゅういいん》や、班長《はんちょう》などを決《き》めるとき、手を挙《あ》げてふさわしいと思う人を選《えら》んだことがあると思います。

しかし、国や地方の政治《せいじ》を行う知事《ちじ》、市長《しちょう》、議員《ぎいん》などを選《えら》ぶときは、みんなで手を挙《あ》げて決《き》めるわけにはいきません。「選挙《せんきょ》」で選《えら》びます。でも、小学生をふくめた、十八歳未満《さいみまん》の人はこの選挙《せんきょ》に参加《さんか》することができません。

それはなぜでしょう。

国の政治《せいじ》がどのように行われているのか、そのしくみは、六年生の社会科の授業《じゅぎょう》で学びます。

けれども、小学校で学習《がくしゅう》する政治《せいじ》のしくみは、とても基本的《きほんてき》なものです。さらに勉強《べんきょう》して政治《せいじ》のことや世《よ》の中《なか》のしくみをより多く知ることで、何が正しいか判断《はんだん》する力を育《そだ》てていきます。

例《たと》えば、政治《せいじ》が決《き》める大切なことの一つに、国民《こくみん》から集《あつ》めた税金《ぜいきん》をどのように使《つか》うかを決《き》める、ということがあります。こんな使《つか》い方《かた》をしてほしいとか、こんなむだなことには使《つか》ってほしくないという声《こえ》を広く聞き、議員《ぎいん》が代表者《だいひょうしゃ》として議会《ぎかい》の中で決《き》めます。その議員《ぎいん》を決《き》めるのが選挙《せんきょ》で、小学生は、議員《ぎいん》を決《き》めるための判断力《はんだんりょく》を育《そだ》てる準備段階《じゅんびだんかい》にあるといえるでしょう。さまざまなことを勉強《べんきょう》したり、生活や地域《ちいき》の活動などを通して社会のことを知っていく中で、自分の考えを持《も》つようになります。そして、日本がこんな国になってほしいというイメージが、持《も》てるようになっていきます。その時期《じき》を、日本では十八歳《さい》と考えました。

そこで、現在《げんざい》の日本では、十八歳以上《さいいじょう》で日本の国籍《こくせき》を持《も》っている人に、選挙《せんきょ》に参加《さんか》する権利《けんり》があたえられています。この権利《けんり》を「選挙権《せんきょけん》」といいます。

では、選挙権《せんきょけん》を持《も》つ人びとは、どのようにして、投票《とうひょう》する人を決《き》めるのでしょうか。

選挙《せんきょ》に立候補《りっこうほ》した人や政党《せいとう》（政治《せいじ》について同じ考えを持《も》つ人たちの集《あつ》まり）は、「当選《とうせん》したら、こういうことを実行《じっこう》します」という約束《やくそく》をします。投票《とうひょう》する人は、

その約束《やくそく》が自分の考えと合っているかどうかなどを判断《はんだん》して、投票《とうひょう》する人を決《き》めます。

立候補者《りっこうほしゃ》が考えている具体的《ぐたいてき》な政策《せいさく》、約束《やくそく》を知らせるための印刷《いんさつ》された文書を「マニフェスト」といいます。このマニフェストや立候補《りっこうほ》した人の考えを記《しる》した「選挙公報《せんきょこうほう》」、街頭演説《がいとうえんぜつ》などを参考《さんこう》にして、投票《とうひょう》する人を決《き》めます。

実《じつ》は小学生でも選挙《せんきょ》を体験《たいけん》することができます。「模擬選挙推進《もぎせんきょすいしん》ネットワーク」という団体《だんたい》が、地方自治体《ちほうじちたい》などと協力《きょうりょく》して、実際《じっさい》に行われる選挙《せんきょ》をもとに、小学生もふくめた十七歳以下《さいいか》の人が投票《とうひょう》できる、「模擬選挙《もぎせんきょ》」を実施《じっし》しています。ここでの結果《けっか》は、実際《じっさい》の選挙《せんきょ》には反映《はんえい》されませんが、わからない言葉《ことば》を調《しら》べたり、選挙《せんきょ》に出る人に質問《しつもん》をしたりして、自分たちの意見《いけん》を持《も》ち、きちんと考えて投票《とうひょう》する体験《たいけん》ができます。

日本には、どうして大統領《だいとうりょう》がいないの？

アメリカには大統領《だいとうりょう》がいますが、日本にはいません。日本では内閣総理大《ないかくそうりだい》臣《じん》（首相《しゅしょう》）が、国の政治《せいじ》を行ううえで、大きな役割《やくわり》を果《は》たしています。日本は「議院内閣制《ぎいんないかくせい》」というしくみで、政治《せいじ》を行っています。総理大臣《そうりだいじん》は、国民《こくみん》の投票《とうひょう》によって選出《せんしゅつ》された国会議員《こっかいぎいん》の中から選《えら》ばれます。総理大臣《そうりだいじん》は国《こく》務大臣《むだいじん》を任命《にんめい》して内閣《ないかく》をつくり、国会で決《き》めた予算《よさん》にしたがって、国民《こくみん》の暮《く》らしを支《ささ》える仕事《しごと》をしています。

「首相《しゅしょう》」の「相」は大臣《だいじん》のことで、首相《しゅしょう》は、それらの上に立つ人という意味《いみ》です。

いっぽう、アメリカは「大統領制《だいとうりょうせい》」というしくみで、政治《せいじ》を行っています。大統領制《だいとうりょうせい》では、国民《こくみん》が投票《とうひょう》して、大統領《だいとうりょう》を選《えら》びます。

アメリカには首相《しゅしょう》はいませんが、首相《しゅしょう》と大統領《だいとうりょう》の両方がいる国もあります。

ドイツやイタリアには、大統領《だいとうりょう》も首相《しゅしょう》もいます。政治《せいじ》のしくみは、日本と同じ議院内閣制《ぎいんないかくせい》を採用《さいよう》しているので、実際《じっさい》に政治《せいじ》のリーダーとなっているのは首相《しゅしょう》です。どちらの国も、大統領《だいとうりょう》は国の儀式《ぎしき》などで役目《やくめ》を果たします。

フランスやロシア、韓国《かんこく》でも、大統領《だいとうりょう》と首相《しゅしょう》がい

	大統領《だいとうりょう》	首相《しゅしょう》	政治《せいじ》を行うしくみ
日本	いない	いる	議院内閣制《ぎいんないかくせい》
アメリカ	いる	いない	大統領制《だいとうりょうせい》
ドイツ	いる	いる	議院内閣制《ぎいんないかくせい》
イタリア	いる	いる	議院内閣制《ぎいんないかくせい》
フランス	いる	いる	大統領制《だいとうりょうせい》
ロシア	いる	いる	大統領制《だいとうりょうせい》
韓国《かんこく》	いる	いる	大統領制《だいとうりょうせい》

ますが、大統領制《だいとうりょうせい》が採用《さいよう》されています。大統領《だいとうりょう》が首相《しゅしょう》を任命《にんめい》し、ともに政治《せいじ》を行っています。しかし、ドイツやイタリアとちがい、大統領《だいとうりょう》が政治《せいじ》の中心となっています。議院内閣制《ぎいんないかくせい》を採用《さいよう》するか、大統領制《だいとうりょうせい》を採用《さいよう》するかは、その国の歴史的《れきしてき》な事情《じじょう》によります。

日本では、昔《むかし》から天皇《てんのう》が国のトップの地位《ちい》にあったので、一八九〇年に施《し》行《こう》された大日本帝国憲法《だいにっぽんていこくけんぽう》では、国のリーダーは天皇《てんのう》であると定《さだ》め、政治《せいじ》を補《ほ》助《じょ》する役目《やくめ》として、帝国議会《ていこくぎかい》や国務大臣《こくむだいじん》の制度《せいど》ができました。

その後、現在《げんざい》の日本国憲法《にほんこくけんぽう》で、天皇《てんのう》は象徴《しょうちょう》とされ、国会議員《こっかいぎいん》を中心として政治《せいじ》を行う議院内閣制《ぎいんないかくせい》になりました。

銀行《ぎんこう》に預《あず》けたお金は、どうなるの？

お年玉をもらったとき、そのお金はどうしていますか。おうちの人にたのんで、銀行《ぎんこう》に貯金《ちょきん》する人もいるでしょう。

また、おうちの人が銀行《ぎんこう》の窓口《まどぐち》やＡＴＭ《エーティーエム》でお金を下ろしているのを、見たことはありませんか。どうして、銀行《ぎんこう》にお金を預《あず》けるのでしょうか。

もちろん、万が一、家にどろぼうが入ったときに、ぬすまれないですみます。でも、それだけではありません。

銀行《ぎんこう》にお金を預《あず》けていると、「利息《りそく》」がつきます。みなさんが預《あず》けたお年玉も、通帳《つうちょう》を見れば、しばらくたつと、ほんのわずかですが増《ふ》えていることがわかります。

この利息《りそく》は、預《あず》けた金額《きんがく》が多ければ多いほど、金額《きんがく》が多くなっていきます。この利息《りそく》がつく割合《わりあい》のことを「金利《きんり》」といいます。金利《きんり》は、銀行《ぎんこう》や預《あず》けたときの条件《じょうけん》、預《あず》け方《かた》によってちがってきます。

では、銀行《ぎんこう》は、預《あず》かったお金をどうしているのでしょうか。みんなの大切なお金ですから、金庫《きんこ》にしっかりしまっているのでは、と

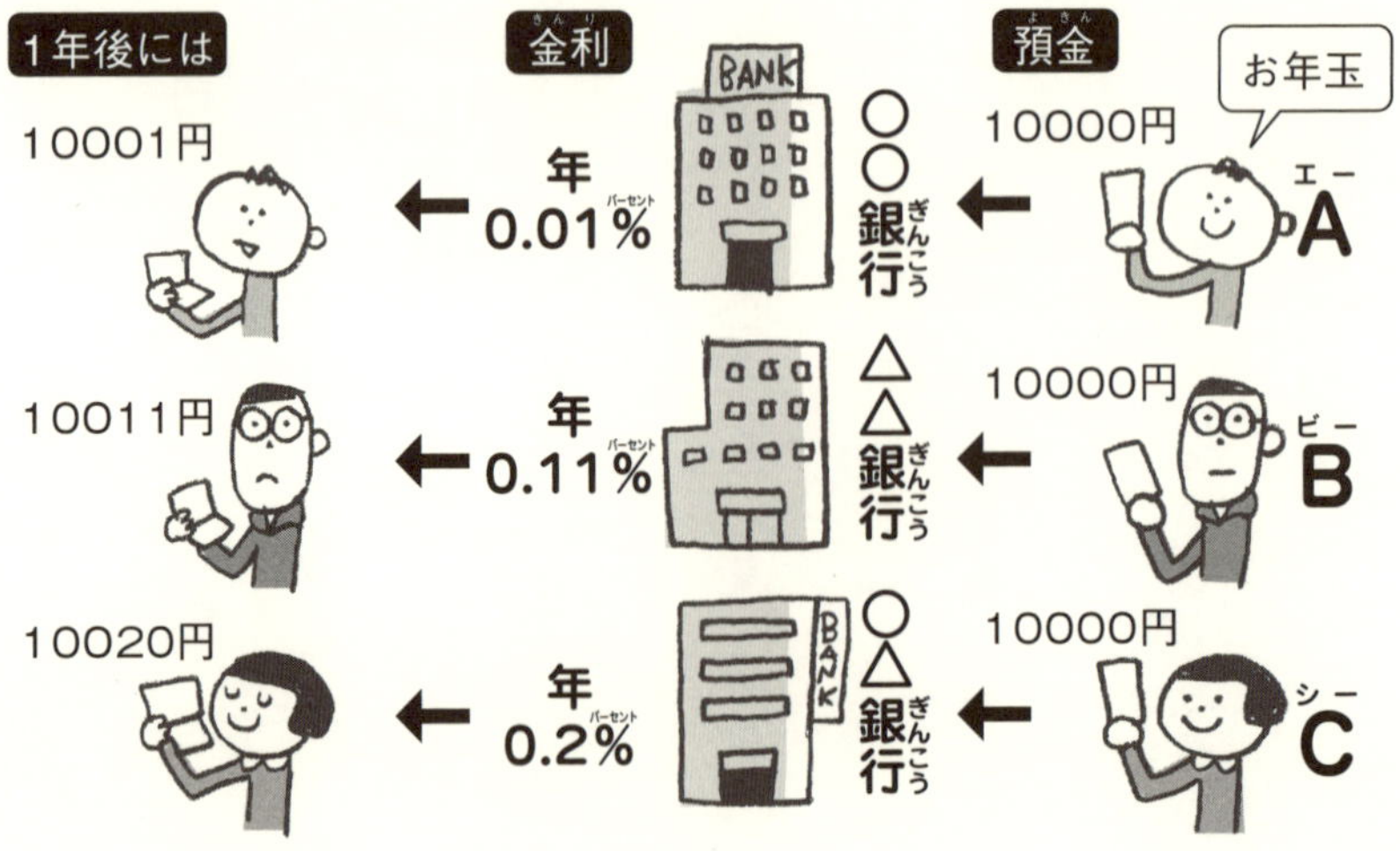

思う人もいるでしょう。

でも、お金を金庫《きんこ》にしまっていては、増《ふ》えるはずがありません。実《じっ》は銀行《ぎんこう》は、お金を預《あず》かるだけでなく、その預《あず》かったお金を、必要《ひつよう》としている人や会社などに貸《か》しているのです。

例《たと》えば、家や車など、大きな買《か》い物《もの》をする人は、たくさんのお金が必要《ひつよう》になります。銀《ぎん》行《こう》は、その人の収入《しゅうにゅう》がいくらあり、どのくらいの期間《きかん》で全額《ぜんがく》を返《かえ》せるかを確認《かくにん》したうえで、お金を貸《か》しています。

また、銀行《ぎんこう》からお金を借《か》りた会社は、そのお金で建物《たてもの》や設備《せつび》を大きくするなどして、今

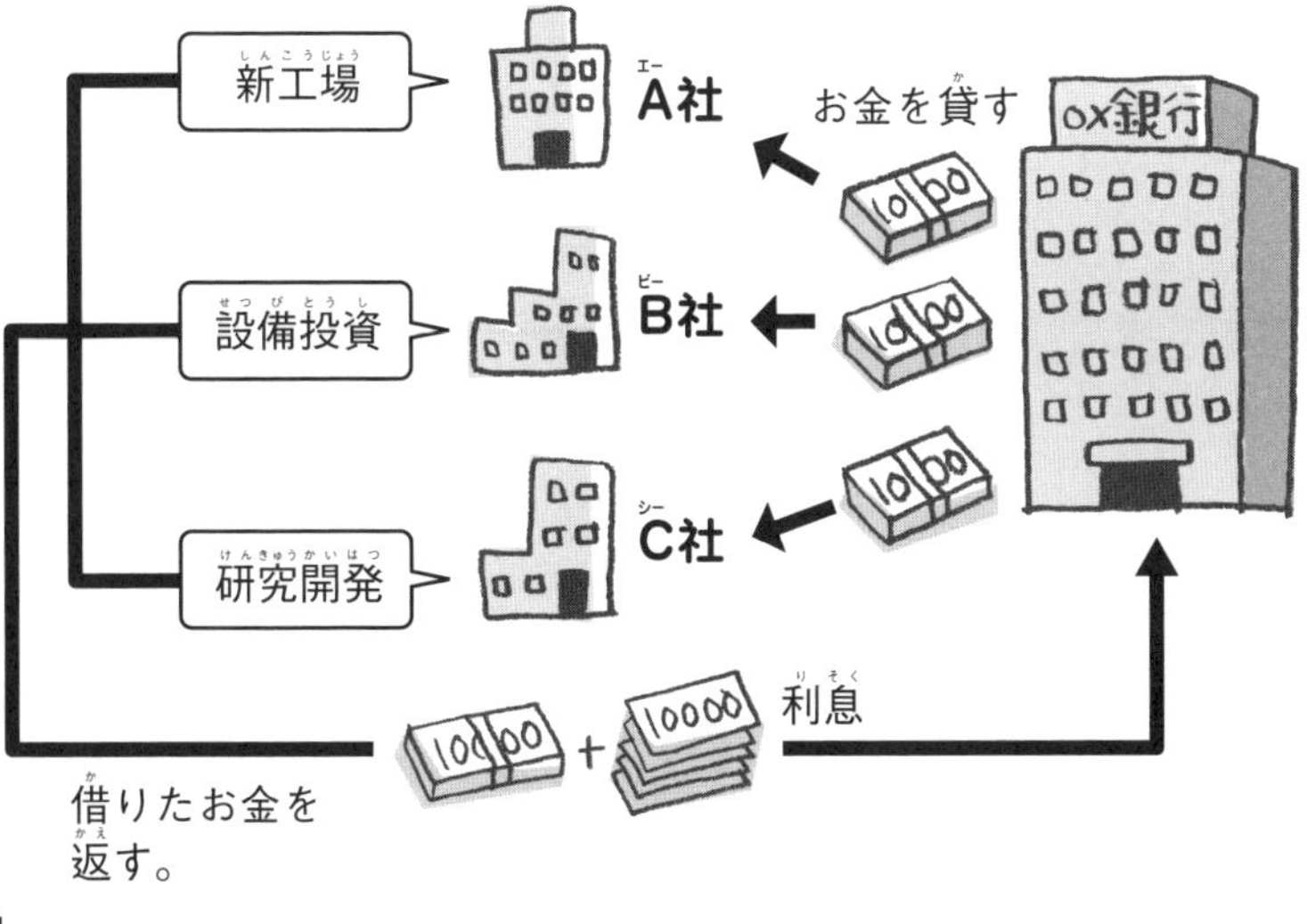

までより利益《りえき》が増《ふ》えることを目指《めざ》します。そして、借《か》りたお金に利息《りそく》をつけて銀行《ぎんこう》に返《かえ》すのです。

また、銀行《ぎんこう》では、集《あつ》まってきたお金で株《かぶ》や土地、建物《たてもの》などを購入《こうにゅう》して、そこから新たな利益《りえき》を生みだすこともあります。

このように銀行《ぎんこう》は、みなさんから預《あず》かったお金をもとに、利益《りえき》を増《ふ》やしているのです。そのため、お金を預《あず》けている人に利息《りそく》をはらうことができるのです。

物《もの》を買ったとき、どうして消費税《しょうひぜい》をはらうの？

ノートを一冊《さつ》買ったら、百十円でした。ノートの値段《ねだん》は百円で、十円は消《しょう》費税《ひぜい》です。消費税《しょうひぜい》とは、物《もの》を買ったり、お金をはらってサービスを受《う》けたりするときに、かかった代金《だいきん》の十パーセントを税金《ぜいきん》としてしはらうしくみです。日本で消費税《しょうひぜい》が導入《どうにゅう》されたのは、一九八九年四月一日です。最初《さいしょ》は三パーセントでしたが、一九九七年に五パーセント、二〇一四年に八パーセント、二〇一九年十月から十パーセントに変《か》わりました。

では、どうして、消費税《しょうひぜい》をはらわなくてはならないのでしょうか。

消費税《しょうひぜい》は、税金《ぜいきん》の一つです。税金《ぜいきん》には、ほかにも、働《はたら》いてお金をもらった人が納《おさ》める「所得税《しょとくぜい》」や、会社（法人《ほうじん》）が利益《りえき》の中から納《おさ》める「法人税《ほうじんぜい》」、お酒《さけ》やたばこを買うときにかかる「酒税《しゅぜい》」や「たばこ税《ぜい》」などがあります。

これらの税金《ぜいきん》は、医療費《いりょうひ》やお年寄《としよ》りにしはらわれる年金、介護《かいご》にかかる費用《ひよう》など、社会《しゃかい》福祉《ふくし》のためのサービスに、一番多く使《つか》われています。ほかにも、道路《どうろ》や水道など公共《こうきょう》の設《せつ》

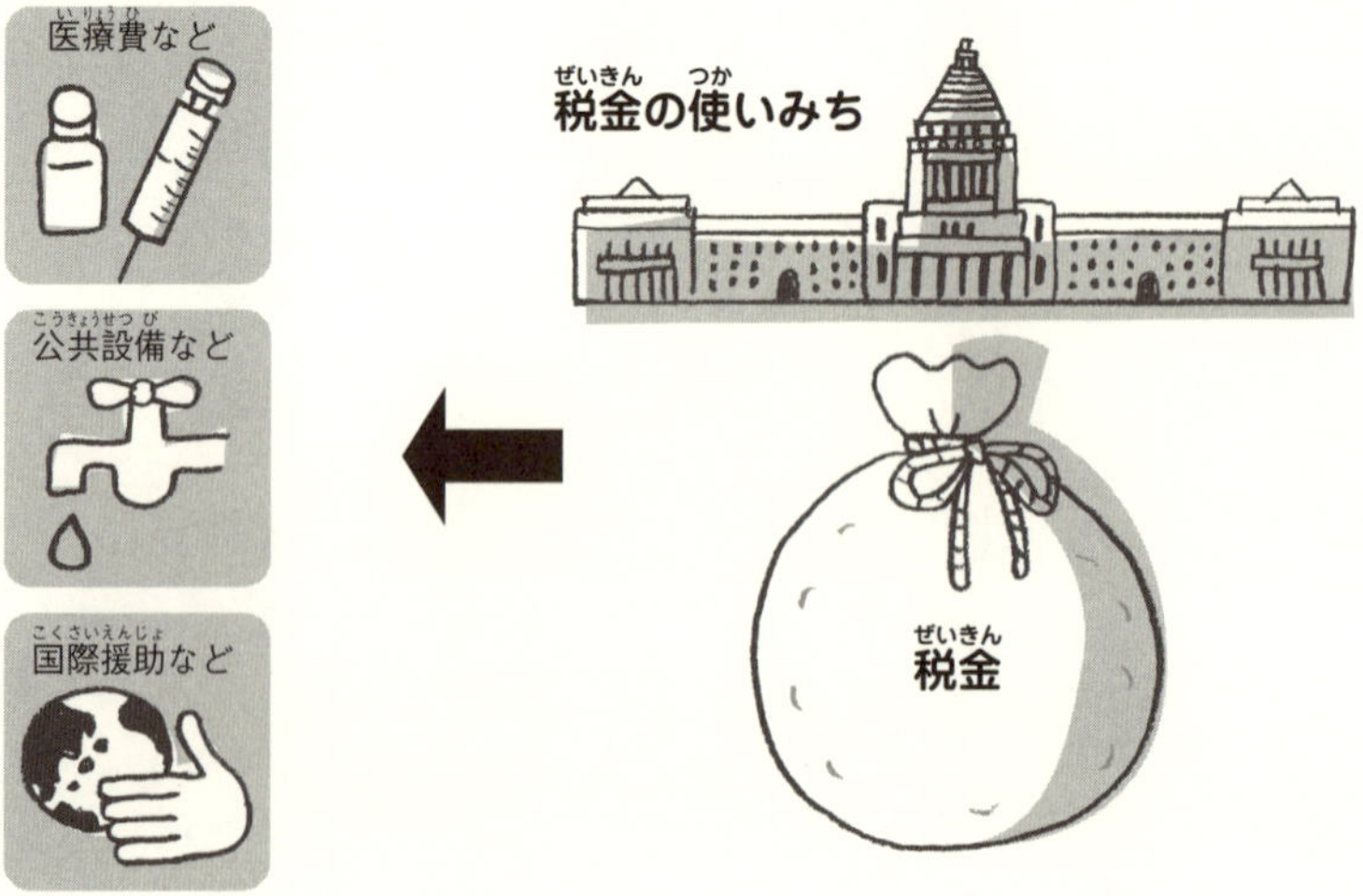

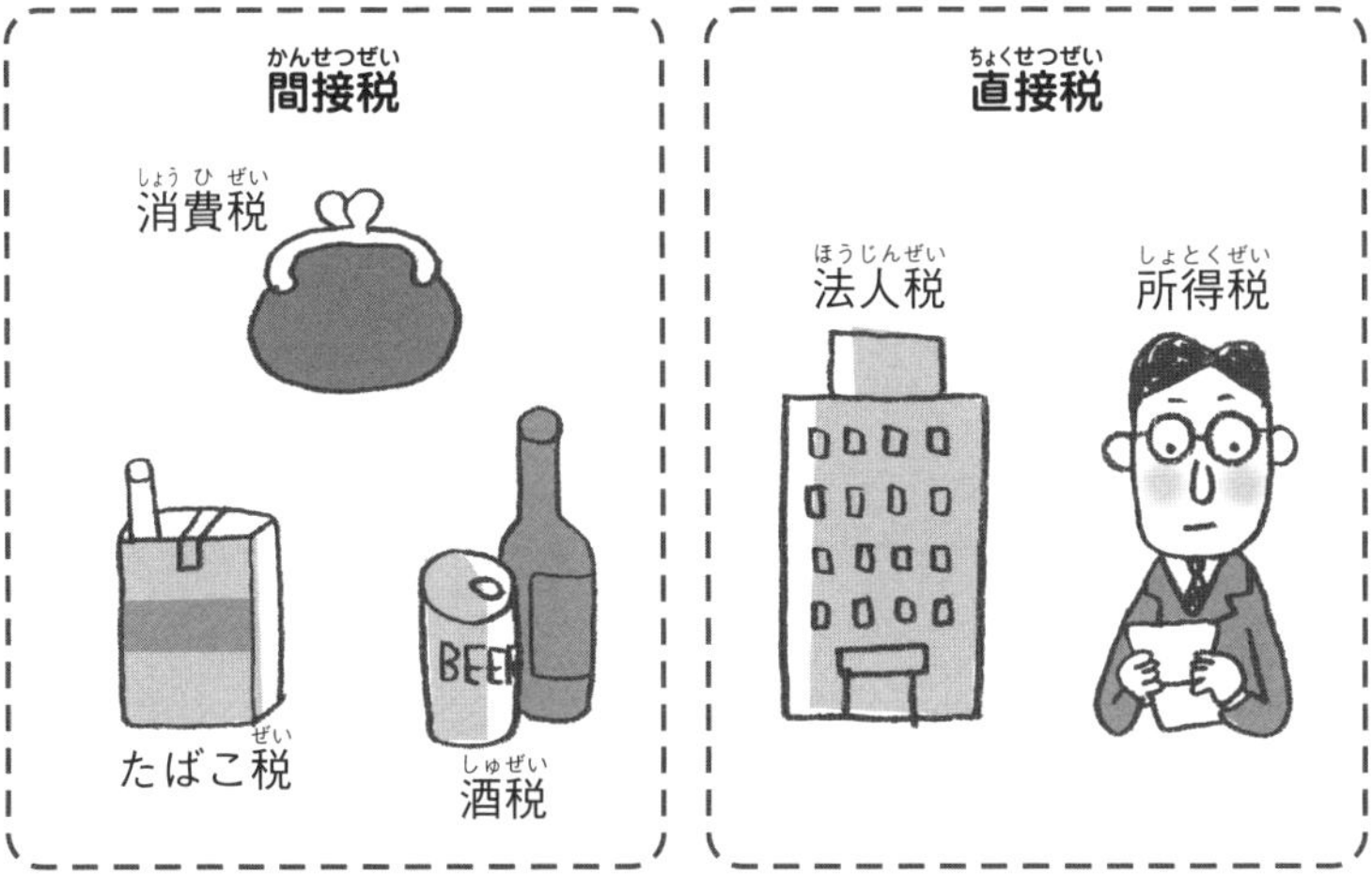

備《び》を整《ととの》えたり、公立の小学校・中学校の教科書やパソコンの費用《ひよう》などにも使《つか》われています。さらに、食料《しょくりょう》の不足《ふそく》や、医療《いりょう》の設備《せつび》が不十分《ふじゅうぶん》な世界《せかい》の国ぐにへの援助《えんじょ》にも使《つか》われています。税金《ぜいきん》が集《あつ》まらないと、社会は成《な》りたちません。だから、消費税《しょうひぜい》に限《かぎ》らず、税金《ぜいきん》は必要《ひつよう》なのです。

国に納《おさ》める税金《ぜいきん》には、「直接税《ちょくせつぜい》」と「間接《かんせつ》税《ぜい》」があります。所得税《しょとくぜい》や法人税《ほうじんぜい》などは直接《ちょくせつ》税《ぜい》、消費税《しょうひぜい》や酒税《しゅぜい》、たばこ税《ぜい》などは間接税《かんせつぜい》の一種《いっしゅ》です。

直接税《ちょくせつぜい》は、納《おさ》める人や会社の収入《しゅうにゅう》によって、その金額《きんがく》を決《き》めています。そうしないと、収入《しゅうにゅう》が少ない人の負担《ふたん》が大きくなってしまうからです。

しかし、間接税《かんせつぜい》は、収入《しゅうにゅう》の多い少ないにかかわらず、みんなが同じ金額《きんがく》をはらいます。

外国にも消費税《しょうひぜい》があります。ヨーロッパでは二十パーセント前後、特《とく》に北ヨーロッパでは二十五パーセント前後と、日本よりも高い国が多いです。しかし、イギリスでは、食料品《しょくりょうひん》や本など消費税《しょうひぜい》がかからないものがあるなど、買うものによって区別《くべつ》されています。

日本では、ほとんどの商品《しょうひん》やサービスに対《たい》して十パーセントの消費税《しょうひぜい》がかかりますが、例外的《れいがいてき》に食《た》べ物《もの》や飲《の》み物《もの》の一部《いちぶ》や、新聞など、八パーセントのままますえおかれているものもあります。これを「軽減税率《けいげんぜいりつ》」といいます。

「裁判員制度《さいばんいんせいど》」って、何？

今から約《やく》八年後、二十歳《はたち》になったあなたは、何をしているでしょうか。大学生の人もいれば、すでに働《はたら》いている人もいるかもしれません。そんなあなたのもとへ、一通の手紙が届《とど》きました。文面《ぶんめん》には「裁判員候補者《さいばんいんこうほしゃ》に選《えら》ばれました」と書いてあります。いったい、どういうことなのでしょうか。

まず、二十歳《さいいじょう》以上の選挙権《せんきょけん》を持《も》つ人の中から、くじで選《えら》ばれた人の名前が「裁判員候補者名簿《さいばんいんこうほしゃめいぼ》」にのります。候補者《こうほしゃ》には、裁判員《さいばんいん》の活動《かつどう》ができるかど

※裁判員制度《さいばんいんせいど》の情報《じょうほう》は、2019年10月１日現在《げんざい》のもの。

うかについての調査票《ちょうさひょう》が届《とど》きます。さらに、事件《じけん》ごとに、くじで選《えら》ばれた候補者《こうほしゃ》のもとに、先ほどのお知らせと辞退《じたい》を希望《きぼう》するかどうかの質問票《しつもんひょう》が届《とど》くのです。その後、裁判所《さいばんしょ》へ行って手続《てつづ》きをして、「裁判員《さいばんいん》」となります。二〇十七年には、およそ一万三千五百人に一人が選《えら》ばれました。

裁判員《さいばんいん》に選《えら》ばれたら、裁判官《さいばんかん》とともに「刑事裁判《けいじさいばん》」に参加《さんか》します。刑事裁《けいじさい》判《ばん》とは、例《たと》えば、殺人事件《さつじんじけん》を起《お》こした犯人《はんにん》の罪《つみ》の有無《うむ》や重《おも》さを判断《はんだん》して、「懲役《ちょうえき》何年」というような刑罰《けいばつ》を決《き》める裁判《さいばん》です。

このように、一般《いっぱん》の人の中からくじで選《えら》ばれた裁判員《さいばんいん》が、刑事裁判《けいじさいばん》に参加《さんか》するしくみを、「裁判員制度《さいばんいんせいど》」といいます。

これまでの刑事裁判《けいじさいばん》は、事件《じけん》の種類《しゅるい》に関係《かんけい》なく、裁判官《さいばんかん》だけで行われていました。裁判員制度《さいばんいんせいど》が二〇〇九年に導入《どうにゅう》されてからは、殺人事件《さつじんじけん》などの重《おも》い犯罪《はんざい》については、原則《げんそく》として、三人の裁判官《さいばんかん》のほかに六人の裁判員《さいばんいん》を加《くわ》え、合計《ごうけい》九人で裁判《さいばん》が行われるようになりました。

では、どうして法律《ほうりつ》の専門家《せんもんか》でない人びとが選《えら》ばれて裁判《さいばん》に参加《さんか》することになったのでしょうか。

まず、一般《いっぱん》の人が参加《さんか》することによって、一般《いっぱん》の人のものの見方、考え方が裁判《さいばん》に取《と》りいれられることになります。

裁判員《さいばんいん》に選《えら》ばれる人は、専門家《せんもんか》のように法律《ほうりつ》の勉強《べんきょう》をしてきた人ではありません。日常生活《にちじょうせいかつ》を送《おく》っている中で、

事件《じけん》について理解《りかい》し、判断《はんだん》することを求《もと》められているのです。

いっぽう、専門家《せんもんか》は、事件《じけん》についての説明《せつめい》や、裁判《さいばん》の行い方をわかりやすくしなくてはなりません。

一般《いっぱん》の人びとが持《も》つさまざまな経験《けいけん》や感覚《かんかく》と、法律《ほうりつ》の専門家《せんもんか》が持《も》つ知識《ちしき》や経験《けいけん》を、合わせて判断《はんだん》することによって、だれからもわかりやすく、信《しん》らいされる裁判《さいばん》になることが期待《きたい》されているのです。

さらに、国民《こくみん》が、自分を取《と》りまく社会について考えることにつながり、よりよい社会づくりの第一歩《だいいっぽ》となることも期待《きたい》されています。

「赤十字《せきじゅうじ》」って、どんな活動《かつどう》をしているところ？

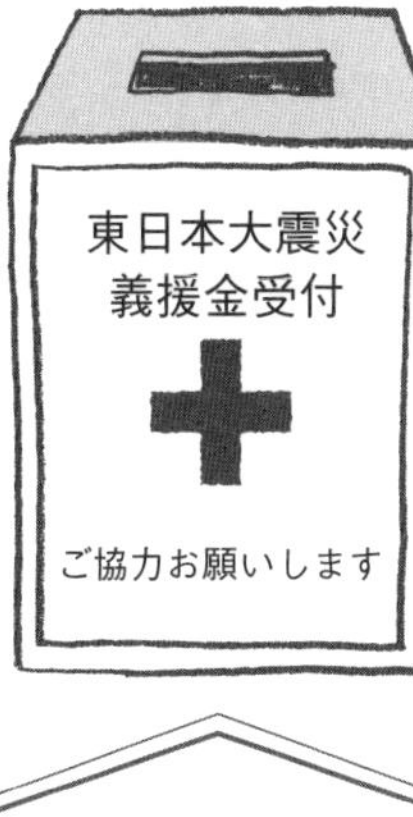

二〇一一年に東日本大震災《ひがしにほんだいしんさい》が起《お》こって以来《いらい》、全国《ぜんこく》のみなさんから「日本赤《にほんせき》十字社《じゅうじしゃ》」に寄《よ》せられた寄付金《きふきん》（義援金《ぎえんきん》）は、二〇一九年五月末現在《まつげんざい》、三千四百十四億《おく》円あまりに上っています。また、二〇一八年の西日本豪雨《にしにほんごうう》や北海道《ほっかいどう》胆振東部地震《いぶりとうぶじしん》で被害《ひがい》にあった地域《ちいき》などにも、「日本赤十字社《にほんせきじゅうじしゃ》」を通じて、たくさんの義援金《ぎえんきん》が届《とど》けられています。

「日本赤十字社《にほんせきじゅうじしゃ》」は、世界《せかい》の百九十一の国と地域《ちいき》にある「赤十字《せきじゅうじ》」の一つです。

では「赤十字《せきじゅうじ》」とは、いったいどんなものでしょうか。それは、スイスのアンリー・デュナンという男性《だんせい》の呼《よ》びかけで発足《ほっそく》した世界的《せかいてき》な組織《そしき》です。

一八五九年、イタリアのソルフェリーノというところを通りかかったアンリー・デュナンは、目を疑《うたが》うようなひどい光景《こうけい》を目にします。そこは当時、激《はげ》しい戦争《せんそう》が起《お》こっていた地区《ちく》で、四万人もの死傷者《ししょうしゃ》がそのままにされていたのです。

デュナンは、「傷《きず》ついた兵士《へいし》はもはや兵士《へいし》ではない、人間である。同じ人間として、その尊《とうと》い命《いのち》を救《すく》わなければならない」と考え、まちの人びとなどの協力《きょうりょく》を得《え》て、傷《きず》を負《お》った人たちを教会《きょうかい》に運《はこ》び、救護活動《きゅうごかつどう》を行ったのです。

やがて、スイスのジュネーブにもどったデュナンは、自分の目で見た戦場《せんじょう》のひどい状況《じょうきょう》を周囲《しゅうい》へ伝《つた》え、『ソルフェリーノの思い出』という本にして出《しゅっ》版《ぱん》しました。その中で、「戦場《せんじょう》の負傷者《ふしょうしゃ》と病人《びょうにん》は敵味方《てきみかた》の区別《くべつ》なく救護《きゅうご》すること」「そのための救護団体《きゅうごだんたい》をふだんから各国《かっこく》に組織《そしき》すること」「この目的《もくてき》のために国際的《こくさいてき》な条約《じょうやく》を結《むす》んでおくこと」をうったえたのです。

デュナンの、このうったえに応《おう》じたヨーロッパの国ぐににによって誕生《たんじょう》したのが、国《こく》際的《さいてき》な赤十字《せきじゅうじ》の組織《そしき》です。

こうした活動《かつどう》から、アンリー・デュナンは一九〇一年、ノーベル平和賞《へいわしょう》の初《はつ》の受賞《じゅしょう》者《しゃ》に選《えら》ばれました。そしてその賞金《しょうきん》は、全《ぜん》

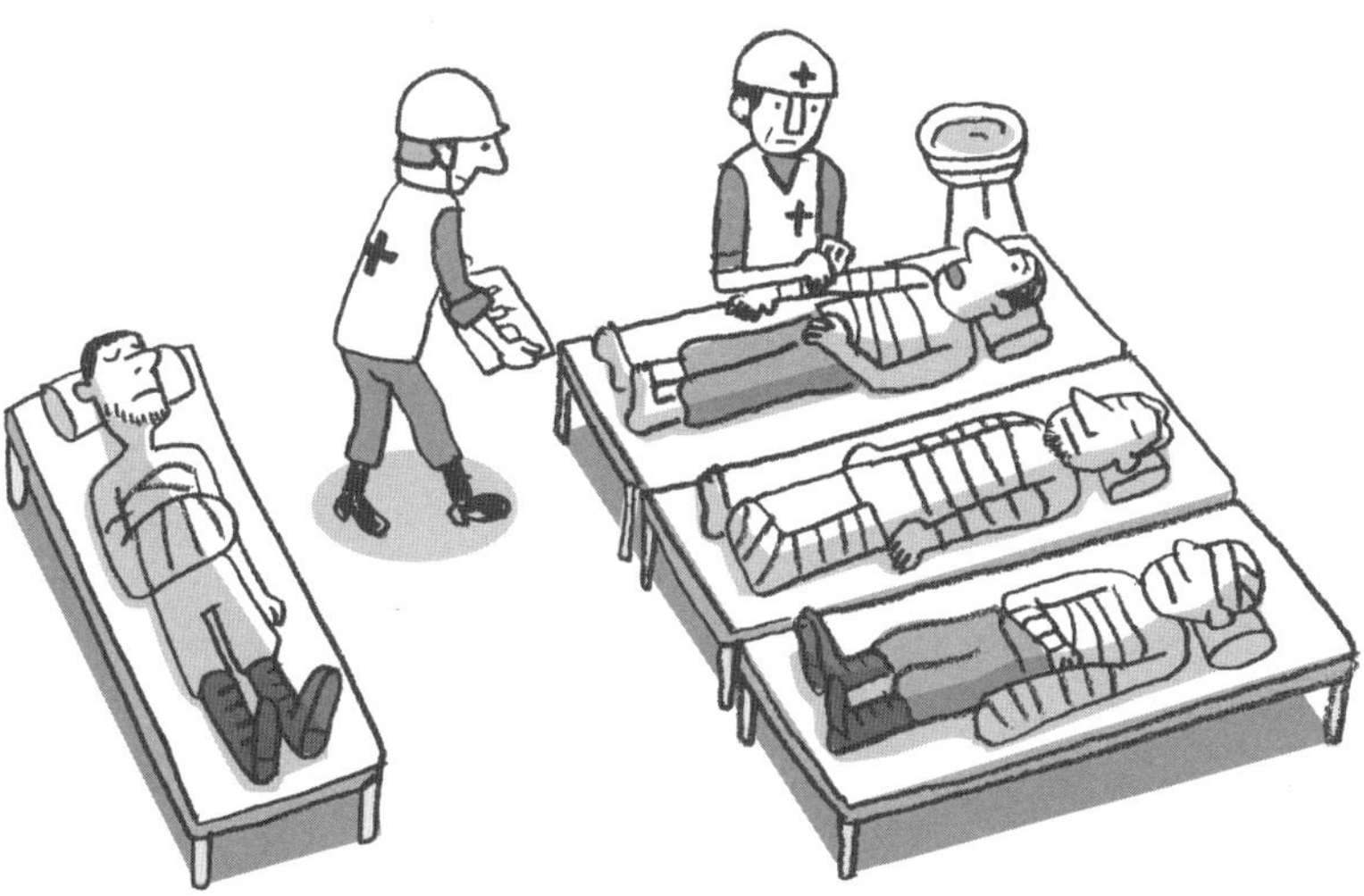

額《がく》、赤十字《せきじゅうじ》に寄付《きふ》されました。

赤十字《せきじゅうじ》のマークは、白地に赤の十字がえがかれていますが、これは創始者《そうししゃ》であるアンリー・デュナンに敬意《けいい》を表《ひょう》し、かれの祖国《そこく》であるスイスの国旗《こっき》の配色《はいしょく》を逆《ぎゃく》にしたものが、もとになっています。

このマークは、今でも戦争《せんそう》や紛争《ふんそう》などで傷《きず》ついた人びとや、救護《きゅうご》をする人びと、救護《きゅうご》にあたる施設《しせつ》を保護《ほご》するための目印《めじるし》として使《つか》われています。戦争《せんそう》をしている地域《ちいき》において、このマークをかかげている病院《びょういん》などは、国際法《こくさいほう》や国内法《こくないほう》で、絶対《ぜったい》に攻撃《こうげき》してはいけないと定《さだ》められています。

現在《げんざい》、日本赤十字社《にほんせきじゅうじしゃ》では、「人間《にんげん》の命《いのち》と健康《けんこう》、尊厳《そんげん》を守《まも》る」ため、災害《さいがい》が起《お》こったときの国内外の救護活動《きゅうごかつどう》、医療《いりょう》、献血《けんけつ》、社会福祉《しゃかいふくし》の事業《じぎょう》、ボランティアなど、はば広い活動《かつどう》を行っています。

世界遺産《せかいいさん》って、いつ、どうして始《はじ》まったの？

世界遺産《せかいいさん》というのは、国際連合教育科学文化機関《こくさいれんごうきょういくかがくぶんかきかん》（ユネスコ）の「世界《せかい》の文化遺産及《ぶんかいさんおよ》び自然遺産《しぜんいさん》の保護《ほご》に関《かん》する条約《じょうやく》（世界遺産条約《せかいいさんじょうやく》）」にもとづいて選《えら》ばれた、建物《たてもの》や遺跡《いせき》、場所《ばしょ》などのことです。すばらしい自然《しぜん》や、どんな時代《じだい》にも変《か》わらない歴史的《れきしてき》に価値《かち》のあるものを、人類共通《じんるいきょうつう》の宝物《たからもの》として守《まも》り、残《のこ》していこうという目的《もくてき》で始《はじ》まりました。

世界遺産条約《せかいいさんじょうやく》ができるきっかけとなったのは、エジプトのある神殿《しんでん》です。

一九六〇年代のこと、ダムの建設《けんせつ》のために、ナイル川流域《がわりゅういき》の貴重《きちょう》な建造物《けんぞうぶつ》であるアブシンベル神殿《しんでん》が、ダム湖《こ》にしずんでしまうことになりました。そこで、ユネスコが中心となり世界《せかい》の六十か国が協力《きょうりょく》して、それまでより六十メートルほど高い近くの丘《おか》に、神殿《しんでん》を移《うつ》すことにしたのです。一九六四年から四年の年月をかけた大工事《だいこうじ》でした。

このできごとで、人類共通《じんるいきょうつう》の宝物《たからもの》を未来《みらい》に残《のこ》そうという意識《いしき》が高まり、一九七二年にユネスコによって世界遺産条約《せかいいさんじょうやく》がつくられました。世界遺産第一号《せかいいさんだいごう》が選《えら》ばれたのは七八年で、エクアドルのガラパゴス諸島《しょとう》や、ドイツのアーヘン大聖堂《だいせいどう》など、七か国十二か所《しょ》が登録《とうろく》されました。条約《じょうやく》ができるきっかけになったアブシンベル神殿《しんでん》があるヌビア遺跡群《いせきぐん》は、七九年に登録《とうろく》されました。世界遺産《せかいいさん》に選《えら》ばれると、その国や地域《ちいき》では、それを次《つぎ》の世代《せだい》に伝《つた》えるために、大切に守《まも》っていかなければなりません。また、存続《そんぞく》の危機《きき》にさらされている世界遺産《せかいいさん》に対《たい》しては、戦争《せんそう》や開発《かいはつ》によってこわされることのないよう、世界中《せかいじゅう》の国ぐにが協力《きょうりょく》して守《まも》ります。

世界遺産《せかいいさん》には記念物《きねんぶつ》や建物《たてもの》、遺跡《いせき》などの「文化遺産《ぶんかいさん》」、めずらしい地形や美《うつく》しい風景《ふうけい》、貴重《きちょう》な動物《どうぶつ》や植物《しょくぶつ》が生息《せいそく》する場所《ばしょ》などの「自然遺産《しぜんいさん》」、文化遺産《ぶんかいさん》と自《し》然遺産《ぜんいさん》の両方《りょうほう》の価値《かち》を持《も》つ「複合遺産《ふくごういさん》」があります。

その数は世界《せかい》で千件《けん》をこえ、日本国内でも二十件《けん》をこえる世界遺産《せかいいさん》が登録《とうろく》されています。

ダム湖《こ》の近くの高台《たかだい》に移転《いてん》したアブシンベル神殿《しんでん》。

1993年に世界文化遺産《せかいぶんかいさん》に登録《とうろく》された姫路城《ひめじじょう》。

※世界遺産《せかいいさん》に関《かん》する情報《じょうほう》は、二〇一九年十月一日現在《げんざい》のものです。

知ってびっくり!!

感動《かんどう》の世界《せかい》遺産《いさん》大集合《だいしゅうごう》!

世界遺産《せかいいさん》に登録《とうろく》された、建造物《けんぞうぶつ》や自然《しぜん》には、どれもとても興味深《きょうみぶか》い特《とく》ちょうがあります。

今もなぞに包《つつ》まれているもの、生物《せいぶつ》の進化《しんか》や、古代《こだい》の人びとの営《いとな》みを知る手がかりとなるものなど、世界《せかい》遺産《いさん》の一部《いちぶ》をしょうかいします。

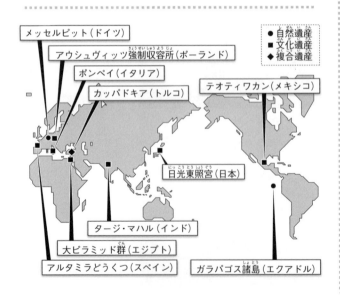

生態系《せいたいけい》のすべてがわかる自然遺産《しぜんいさん》
ドイツ・メッセルピット

約《やく》五千七百万年前から三千六百万年前の生物《せいぶつ》の化石《かせき》が、とてもきれいな状態《じょうたい》で、多数発見《はっけん》された土地です。ワニ、ウマ、コウモリ、スッポンなど、恐竜《きょうりゅう》が絶滅《ぜつめつ》したあとの動物《どうぶつ》の化石《かせき》が豊富《ほうふ》です。特《とく》に、ほ乳類《にゅうるい》は、完全《かんぜん》な骨格《こっかく》や胃《い》の中にあったものの化石《かせき》まで発見《はっけん》されています。その進化《しんか》の過程《かてい》を探《さぐ》る手がかりとなるものが多く発見《はっけん》された、貴《き》重《ちょう》な自然遺産《しぜんいさん》です。

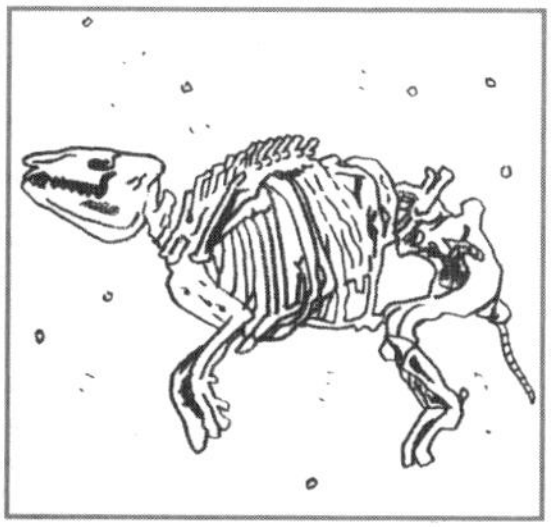

古代人《こだいじん》の絵画が残《のこ》る文化遺産《ぶんかいさん》
スペイン・アルタミラどうくつ

このどうくつの壁《かべ》には、今から一万三千年以上《いじょう》も前にえがかれた、野牛などの絵が残《のこ》されています。黒い線でふちどられたウシが、鉱物《こうぶつ》の粉《こな》などをとかしたもので赤くぬられており、人類最古《じんるいさいこ》の絵画ではないかといわれています。

また、ペルーのナスカとフマナ平原《へいげん》の砂漠《さばく》には、とても大きな鳥、イヌ、クモなどの絵があり、「地上絵」と呼《よ》ばれ、世界遺産《せかいいさん》となっています。古代人《こだいじん》がえがいたとされていますが、なんのためにかかれたのかは今もなぞに包《つつ》まれています。

生活水準《せいかつすいじゅん》の高さがわかる文化遺産《ぶんかいさん》

イタリア・ポンペイ

ポンペイは今から約《やく》二千年前に栄《さか》え、火山の爆発《ばくはつ》によって灰《はい》にうもれてしまった都市《とし》です。じょじょに発掘《はっくつ》が行われ、建造物《けんぞうぶつ》や絵画などが見つかるとともに、公共《こうきょう》の浴場《よくじょう》（ふろ）も発見《はっけん》されるなど、当時の人びとの生活水準《せいかつすいじゅん》の高さを伝《つた》えました。

同じく世界遺産《せかいいさん》のパキスタンにあるモヘンジョ＝ダロの遺跡《いせき》からは、四千年以上《いじょう》前に、すでに、下水道の設備《せつび》があったことがわかっています。

めずらしい生物《せいぶつ》がいる自然遺産《しぜんいさん》

エクアドル・ガラパゴス諸島《しょとう》

太平洋上《たいへいようじょう》にうかぶガラパゴス諸島《しょとう》には、この島《しま》でしか見られないめずらしい動物《どうぶつ》がたくさんいます。一度《いちど》も大陸《たいりく》と陸続《りくつづ》きになったことがないために、動物《どうぶつ》たちが独自《どくじ》の進化《しんか》をとげたからです。中でも食《た》べ物《もの》を得《え》るため、海にもぐれるよう進化《しんか》したウミイグアナが有名《ゆうめい》です。

なお、二〇一一年に自然遺産《しぜんいさん》に登録《とうろく》された、日本の小笠原諸島《おがさわらしょとう》も、大陸《たいりく》と一度《いちど》もつながったことがないため、めずらしい動物《どうぶつ》や植物《しょくぶつ》が多く、「東洋《とうよう》のガラパゴス」と呼《よ》ばれています。

文化遺産《ぶんかいさん》には墓《はか》がいっぱい
エジプト・大《だい》ピラミッド群《ぐん》ほか

エジプトやメキシコのピラミッド、インドのタージ・マハル、栃木県《とちぎけん》にある日《にっ》光東照宮《こうとうしょうぐう》など、文化遺産《ぶんかいさん》の中には国王や王妃《おうひ》、将軍《しょうぐん》など、権力者《けんりょくしゃ》をまつっている墓《はか》のようなものがたくさんあります。

権力者《けんりょくしゃ》の墓《はか》からは、その地域《ちいき》の歴史的《れきしてき》なできごとや暮《く》らしがわかったり、その時代《じだい》の文化的特《ぶんかてきとく》ちょうや、高い技術《ぎじゅつ》が見《み》受《う》けられます。それらは、文化遺産《ぶんかいさん》にふさわしい価値《かち》を持《も》つものばかりです。

「タージ・マハル」（インド）

「大ピラミッド群《ぐん》」（エジプト）

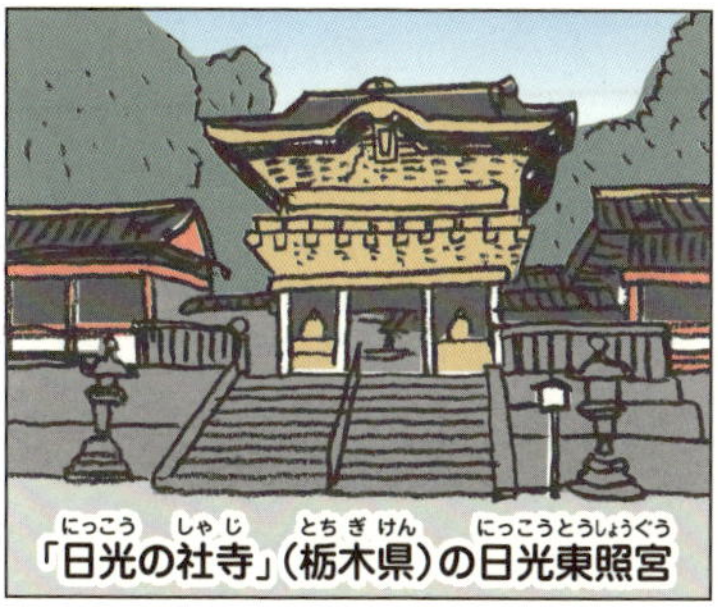
「日光《にっこう》の社寺《しゃじ》」（栃木県《とちぎけん》）の日光東照宮《にっこうとうしょうぐう》

「古代都市《こだいとし》テオティワカン」（メキシコ）のピラミッド

自然《しぜん》と文化《ぶんか》、両方《りょうほう》の価値《かち》を持《も》つ複合遺産《ふくごういさん》

トルコ・カッパドキア

この地方には、キノコのような変《か》わった形をした岩がたくさんあります。降《ふ》りつもった火山灰《かざんばい》が、雨水などにけずられてできたやわらかい岩状《いわじょう》の土地です。

人びとは、この岩に穴《あな》をほって住《す》んでいました。しだいに、地下をほりすすめて、地下八階《かい》の地下都市《ちかとし》をつくりました。台所《だいどころ》や居間《いま》のような生活に必要《ひつよう》な部屋《へや》はもちろん、学校や教会、ワイン工場もある、大規模《だいきぼ》な都市《とし》だったようです。

過《あやま》ちをくりかえさないための文化遺産《ぶんかいさん》

ポーランド・アウシュヴィッツ強制収容所《きょうせいしゅうようじょ》ほか

多くの罪《つみ》もないユダヤ人が大量《たいりょう》に殺《ころ》されたアウシュヴィッツ強制収容所《きょうせいしゅうようじょ》や、どれいを売買する基地《きち》とされた西アフリカ、セネガルのゴレ島《とう》、世界《せかい》で初《はじ》めて原爆《げんばく》が投下《とうか》された広島県《ひろしまけん》の原爆《げんばく》ドームなど、人間の過《あやま》ちを感《かん》じさせられる遺産《いさん》もいくつかあります。

これらは、二度《にど》と同じような過《あやま》ちをくりかえさないため、「世界平和《せかいへいわ》の維持《いじ》に貢献《こうけん》する」として、文化遺産《ぶんかいさん》に登録《とうろく》されました。

文・高橋みか　絵／知ってびっくり！マーク・森佳世

スポーツの、なぜ？ どうして？

文・鶴川たくじ（144 ～ 162 ページ）
鎌田達也（グループ・コロンブス）（163 ～ 166 ページ）
絵・丸岡テルジロ

スキーやスケートの選手《せんしゅ》は、夏の間、どうやって練習《れんしゅう》をしているの？

スキーやスケートは、雪や氷《こおり》がないと、できない練習《れんしゅう》もありますね。北半球《きたはんきゅう》にある日本が夏のとき、南半球《みなみはんきゅう》の国ぐには冬なので、オーストラリアなどの雪のある場所《ばしょ》に行って練習《れんしゅう》する選手《せんしゅ》もいます。しかし、それにはたくさんお金がかかるので、だれもができるわけではありません。

そのため、スキーやスケートなどの選手《せんしゅ》は、夏の間、おもに体力をつける練習《れんしゅう》をします。

あるアルペンスキー選手《せんしゅ》の、年間の練習《れんしゅう》スケジュールをしょうかいします。

四月から六月は、全身《ぜんしん》の持久力《じきゅうりょく》をつける練習《れんしゅう》をします。十キロメートル走など、長い距離《きょり》を走る運動《うんどう》をして、肺《はい》や心臓《しんぞう》の働《はたら》きを高めます。

七月から九月は、筋肉《きんにく》の持久力《じきゅうりょく》をつける練習《れんしゅう》をします。短《みじか》い時間、全力《ぜんりょく》で走ったり、自転車《じてんしゃ》をこいだりします。

九月から十一月は、試合《しあい》で力を発揮《はっき》するための練習《れんしゅう》をします。ウエイトトレーニングなどの筋力《きんりょく》トレーニングと、数秒間《すうびょうかん》全力《ぜんりょく》で動《うご》く短距離走《たんきょりそう》、垂直《すいちょく》とび、ハードルジャンプなどの種目《しゅもく》を合《あ》わせて行います。

十二月からは、雪の上での練習《れんしゅう》を開《かい》始《し》します。そして、一月から三月までが試合《しあい》などのシーズンとなります。

夏の間、体力をつけるだけでなく、実《じっ》際《さい》に競技《きょうぎ》をするときと似《に》た環境《かんきょう》で練習《れんしゅう》をする選手《せんしゅ》もいます。からだの動《うご》きの感覚《かんかく》を忘《わす》れないためです。

スキーのモーグルやスノーボードの選《せん》手《しゅ》は、ジャンプ台のついたプールで練習《れんしゅう》をします。

モーグル選手《せんしゅ》の場合、夏用のスキー板《いた》をはいて、ジャンプ台をすべりおり、エア演技《えんぎ》の練習《れんしゅう》をします。エア演技《えんぎ》とは、空中でからだをひねったり、宙返《ちゅうがえ》りしたりする動作《どうさ》のことです。落下《らっか》するのは

プールの中なので、着地《ちゃくち》に失敗《しっぱい》しても、大きなけがをする心配《しんぱい》はありません。スノーボード選手《せんしゅ》もプールで同じように、空中姿勢《くうちゅうしせい》の練習《れんしゅう》をします。

特別《とくべつ》な例《れい》で、夏の間の練習《れんしゅう》メニューとして取《と》りいれた、専門以外《せんもんいがい》の種目《しゅもく》でも、トップレベルの力を発揮《はっき》した選手《せんしゅ》がいます。

一九八四年の冬季《とうき》サラエボ・オリンピックに出場した、スピードスケートの橋本聖子選手《はしもとせいこせんしゅ》は、夏の練習《れんしゅう》に自転車《じてんしゃ》を取《と》りいれていましたが、その後、本格的《ほんかくてき》に自転車競技《じてんしゃきょうぎ》にも挑戦《ちょうせん》。自転車《じてんしゃ》でもオリンピック代表《だいひょう》に選《えら》ばれるようになりました。

橋本選手《はしもとせんしゅ》はサラエボをふくめ、冬はスケート、夏は自転車《じてんしゃ》の選手《せんしゅ》として、冬四回、夏三回のオリンピックに出場。一九九二年の冬季《とうき》アルベールビル・オリンピックでは、スピードスケート女子一五〇〇メートルで、銅《どう》メダルにかがやきました。

野球《やきゅう》で、どうして変化《へんか》カーブやフォークボールは、するの？

カーブ、シュート、フォークボール、ナックルボール……。プロ野球《やきゅう》のピッチャーは、いろいろな種類《しゅるい》の変化球《へんかきゅう》を投《な》げます。それは、投《な》げるボールの回転《かいてん》をいろいろ変《か》えているからなのです。

まず、ピッチャーがボールを変化《へんか》させようとせず、素直《すなお》にストレート（直球《ちょっきゅう》）を投《な》げた場合を見てみましょう。（以下《いか》、わかりやすくするために、右《みぎ》利《き》きの上手投《うわてな》げピッチャーの投球《とうきゅう》で説明《せつめい》します。）

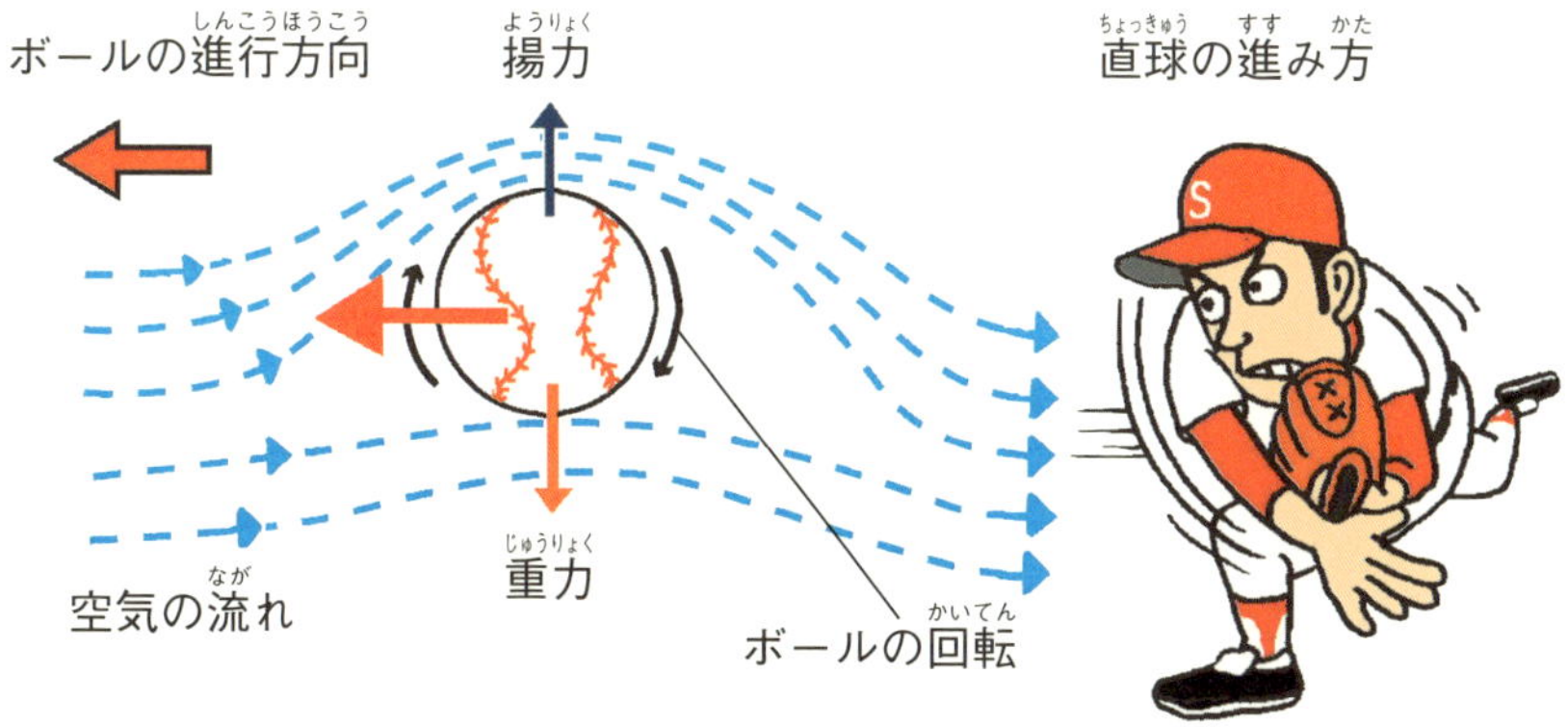

手からはなれたボールには、縦《たて》に回転《かいてん》がかかります。ボールの上側《うえがわ》では、進《すす》むほうと逆向《ぎゃくむ》きの回《かい》転《てん》になるので、これを「バックスピン」といいます。

ボールが空気中を進《すす》んでいくと、進《すす》むのと反対《はんたい》向《む》きに空気の流《なが》れができます。バックスピンがかかっているので、ボールの上側《うえがわ》では回転《かいてん》が空気の流《なが》れを強め、流《なが》れが速《はや》くなります。ボールの下側《したがわ》では、回転《かいてん》が空気の流《なが》れをじゃまして、流《なが》れがおそくなります。

流《なが》れが速《はや》いと空気はうすくなり、おそいと、こくなります。だから、ボールの上側《うえがわ》の空気はうすく、下側《したがわ》の空気はこくなります。

そして、空気には同じこさになろうとする性質《せいしつ》があるので、下側《したがわ》の空気が上へ行こうとします。それがボールを上におす「揚力《ようりょく》」です。

つまり、ストレートは、ボールの回転《かいてん》によって上向《うえむ》きの揚力《ようりょく》を得《え》るので、あまり落《お》ちずに、ほぼまっすぐ進《すす》んでいくボールなのです。

ここからは、いよいよ変化球《へんかきゅう》の話です。ボールに横《よこ》の回転《かいてん》をかけると、どうなるでしょう。

左回りの回転《かいてん》をかけると、ボールには左向《む》きの揚力《ようりょく》が働《はたら》くので、ボールは左へ曲《ま》がります。これがカーブです。同じ原理《げんり》を利用《りよう》して、ボールに右回りの回転《かいてん》をかけ、右へ曲《ま》がらせるのがシュートです。

では、何も回転《かいてん》をかけないと、どうなるでしょうか。

ほとんど回転《かいてん》しないボールは上向《うえむ》きの揚力《ようりょく》を得《え》られず、重力《じゅうりょく》で自然《しぜん》に落《お》ちていきます。これがフォークボールです。

ナックルボールは、フォークボールよりも、ボールの回転《かいてん》をさらにおさえた変化球《へんかきゅう》です。球速《きゅうそく》がとてもおそく、ほぼ無回転《むかいてん》なので上下左右に気まぐれに変化《へんか》します。時間をかけ、ゆっくりボールが進《すす》む間に、ボールの後ろ側《がわ》に、空気のうずが育《そだ》っては消《き》え、さまざまな方向《ほうこう》に揚力《ようりょく》を働《はたら》かせるためです。

「ぶれ球《だま》」と呼《よ》ばれるサッカーの無回転《むかいてん》シュートも、ナックルボールと同じ原理《げんり》で変化《へんか》します。

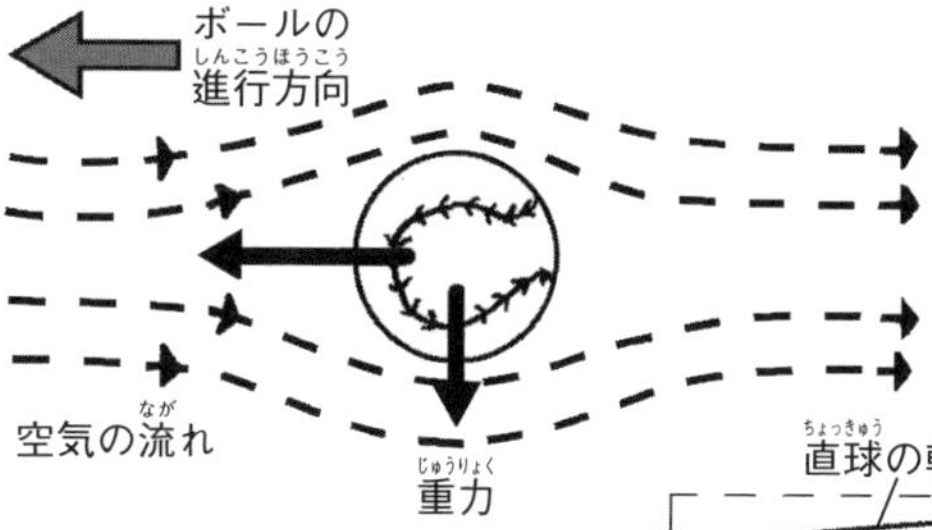

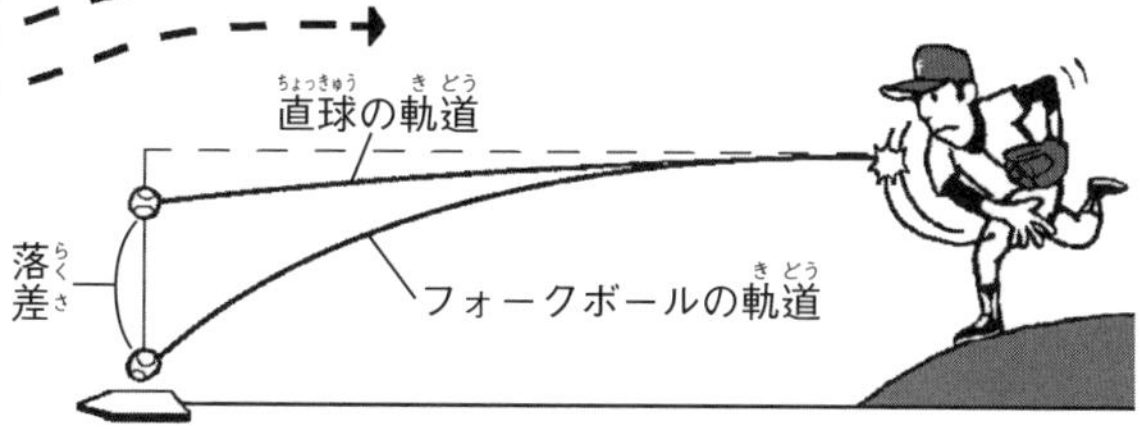

スポーツをする前に、どうしてストレッチをするの？

ストレッチは、今から六十年ほど前に、アメリカで考えだされた柔軟体操《じゅうなんたいそう》です。「ストレッチ」という英語《えいご》のもともとの意味《いみ》は、「のばす」です。語源《ごげん》が示《しめ》すとおり、ストレッチでは、からだを動《うご》かす筋肉《きんにく》（骨格筋《こっかくきん》）と、その筋肉《きんにく》を骨《ほね》とつないでいる「けん」、骨《ほね》と骨《ほね》をつないでいる「じん帯《たい》」をのばします。

ストレッチにもいくつか種類《しゅるい》がありますが、その中で、はずみをつけずに、ゆっくり静《しず》かにのばすストレッチを「静《せい》的《てき》ストレッチ」といいます。それに対《たい》し、ラジオ体《たい》操《そう》のように、はずみをつけ、動《うご》きをともなうストレッチを「動《どう》的《てき》ストレッチ」といいます。

スポーツの前には動《どう》的《てき》ストレッチが向《む》いています。その目《もく》的《てき》は、三つあります。

一つ目は、冷《ひ》えたからだを温《あたた》める、いわゆる「ウォーミングアップ」の目《もく》的《てき》です。からだを動《うご》かすと、少しずつ体《たい》温《おん》が上がってきます。すると、血《ち》のめぐりがよくなり、筋《きん》肉《にく》に、運《うん》動《どう》のために使《つか》う酸《さん》素《そ》がたくさん送《おく》られるようになります。つまり、運《うん》動《どう》する準《じゅん》備《び》が整《ととの》うのです。

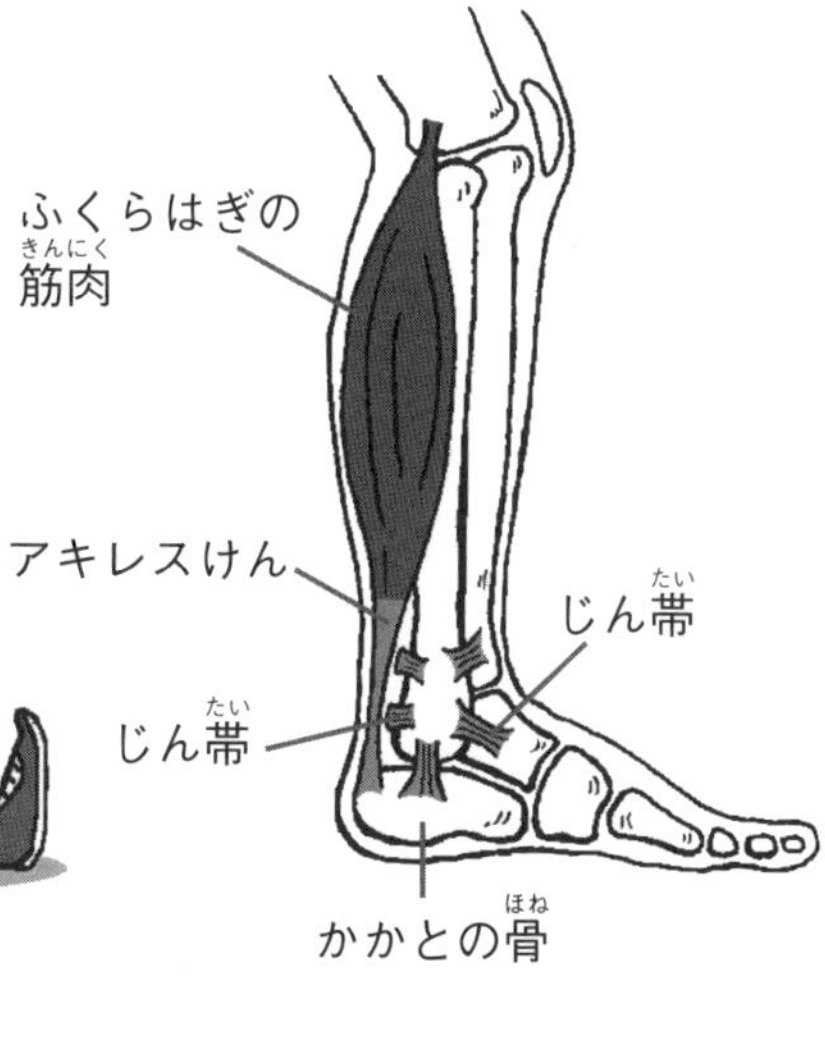

二つ目は、縮《ちぢ》んで固《かた》くなった筋肉《きんにく》をほぐし、弾力性《だんりょくせい》を取《と》りもどさせることです。

机《つくえ》に向《む》かって同じ姿勢《しせい》で長い時間勉強《べんきょう》したり、何かきんちょうすることがあったりすると、筋肉《きんにく》も固《かた》くなってしまいます。そのような筋肉《きんにく》に、のばすというしげきをあたえると、スムーズに動《うご》くやわらかい筋肉《きんにく》になるのです。

三つ目は、関節《かんせつ》の動《うご》く範囲《はんい》を広くすることです。

関節《かんせつ》に接《せっ》している筋肉《きんにく》やじん帯《たい》を、のばすことによってやわらかくすると、関節《かんせつ》の動《うご》きがスムーズになり、動《うご》く範囲《はんい》も広がるのです。

このように、ストレッチをすると、からだが温《あたた》まって運動《うんどう》する準備《じゅんび》が整《ととの》い、筋肉《きんにく》や関節《かんせつ》がスムーズに動《うご》くので、よりよいプレーができるのです。

逆《ぎゃく》に、ストレッチをせずに、冷《ひ》えたからだ、縮《ちぢ》んで固《かた》くなった筋肉《きんにく》、せまい範囲《はんい》しか動《うご》かない関節《かんせつ》のまま、スポーツをしたら、どうなるでしょう。

弾力性《だんりょくせい》のない筋肉《きんにく》や関節《かんせつ》を無理《むり》に動《うご》かすと、肉ばなれなどのけがをするおそれがあります。からだの動《うご》きが悪《わる》いために転《ころ》んで、骨折《こっせつ》などをしてしまう場合もあります。だから、スポーツの前のストレッチは欠《か》かせないのです。

また、スポーツのあとには、静的《せいてき》ストレッチをすると、効果《こうか》があります。スポーツをした直後は、からだを激《はげ》しく動《うご》かしたことによって、筋肉《きんにく》はつかれてきんちょうしています。ストレッチはそのつかれを取《と》りのぞき、きんちょうをほぐし、興奮《こうふん》しているからだを平常《へいじょう》にもどしてくれます。

これを、ウォーミングアップに対《たい》して、「クールダウン」といいます。

サッカーには、どうして オフサイドのルールがあるの？

オフサイドという反則《はんそく》は複雑《ふくざつ》なので、ここではよく見られる場面《ばめん》を例《れい》にして説明《せつめい》をしましょう。

サッカーで攻撃《こうげき》するときに、ボールより前に選手《せんしゅ》（A選手《エーせんしゅ》とします）が飛《と》びだすのは、よくあることですね。このとき、A選手《エーせんしゅ》とゴールラインとの間に、相手選手《あいてせんしゅ》が二人以上《いじょう》いない（一人か、だれもいない状態《じょうたい》）場合、A選手《エーせんしゅ》は「オフサイド・ポジションにいる」といいます。相手側《あいてがわ》のゴールには、ふつうゴールキーパーがいますから、ゴールキーパーとA《エー》選手《せんしゅ》が、一対《たい》一で対面《たいめん》している場面《ばめん》を思いうかべるとよいでしょう。

オフサイド・ポジションにいるだけでは、反則《はんそく》になりません。しかし、A選手《エーせんしゅ》より後ろにいるA選手《エーせんしゅ》の味方《みかた》の選手《せんしゅ》が出したボールに、A選手《エーせんしゅ》がプレーしようとした瞬《しゅん》間《かん》、A選手《エーせんしゅ》は「オフサイド」の反則《はんそく》をとられます。

オフサイドの始《はじ》まりは、今から二百年ほど前のイギリスです。当時《とうじ》、サッカーやラグビーのもととなる「フットボール」が、学校ごとにちがったルールで行われていました。「相手《あいて》に足をかけて、たおしてもよい」「空中のボールはキャッチしてもよい」などのルールに加《くわ》え、「ボールを手に持《も》って走ってもいい」というルー

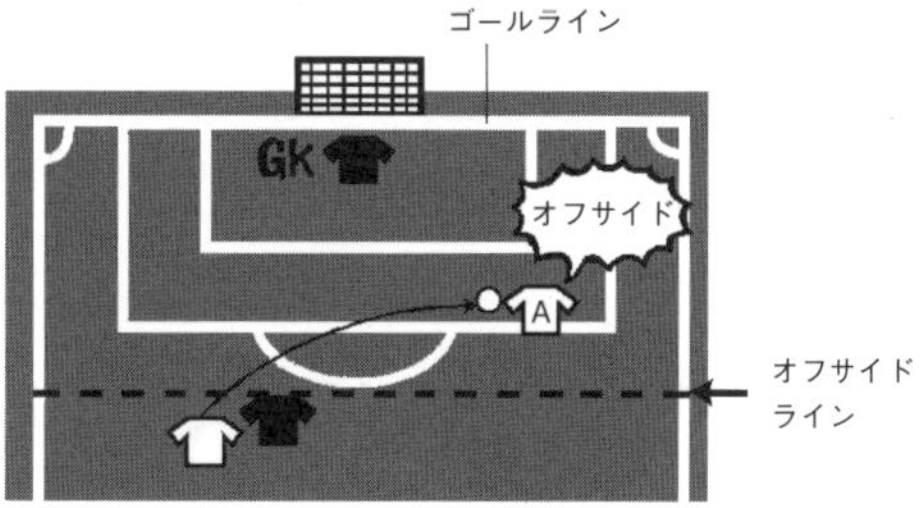

オフサイド・ポジションの境界線《きょうかいせん》をオフサイドラインといいます。

ルもありました。これがラグビーの出発点《しゅっぱつてん》です。

そして、「チームからぬけだしたり、はなれたりするのは、よくない行為《こうい》」というルールもありました。けがをしたときなど一時的《いちじてき》に外に出て、回復後《かいふくご》に、相手《あいて》ゴール近くへもどり、パスをもらって簡単《かんたん》にゴールすることが、ひきょうなことだと考《かんが》えられていたからです。ルールがばらばらでは、試合《しあい》ができません。

そこで、一八六三年に世界《せかい》で初《はじ》めてのサッカー協会《きょうかい》が設立《せつりつ》され、ルールも統一《とういつ》されました。このとき、「ボールより前にいる選手《せんしゅ》はすべてオフサイドである」というルールが生まれたのです。

しかし、このルールでは自分より前の選手《せんしゅ》にはパスが出せず、なかなか得点《とくてん》が入りません。

そのため、「ボールと相手《あいて》ゴールとの間に相手《あいて》が三人以上《いじょう》いれば、その選《せん》手《しゅ》はオフサイドにならない」というルールに変《か》わりました。

　この改正《かいせい》によってパス中心《ちゅうしん》のサッカーになっていきましたが、攻撃《こうげき》の選手《せんしゅ》がオフサイドの反則《はんそく》を取《と》られることが多く、得点《とくてん》するのが難《むずか》しい状況《じょうきょう》でした。

　これでは競技《きょうぎ》がおもしろくならないので、一九二五年に、「二人以上《いじょう》」に改正《かいせい》されたのです。

　さらに、その後、得点《とくてん》が取《と》りやすい方向《ほうこう》に、少しずつルールが改正《かいせい》され、今のルールとなりました。

　このように、スポーツのルールは、サッカーに限《かぎ》らず、競技《きょうぎ》をよりおもしろくするために決《き》められ、変《か》えられるものなのです。

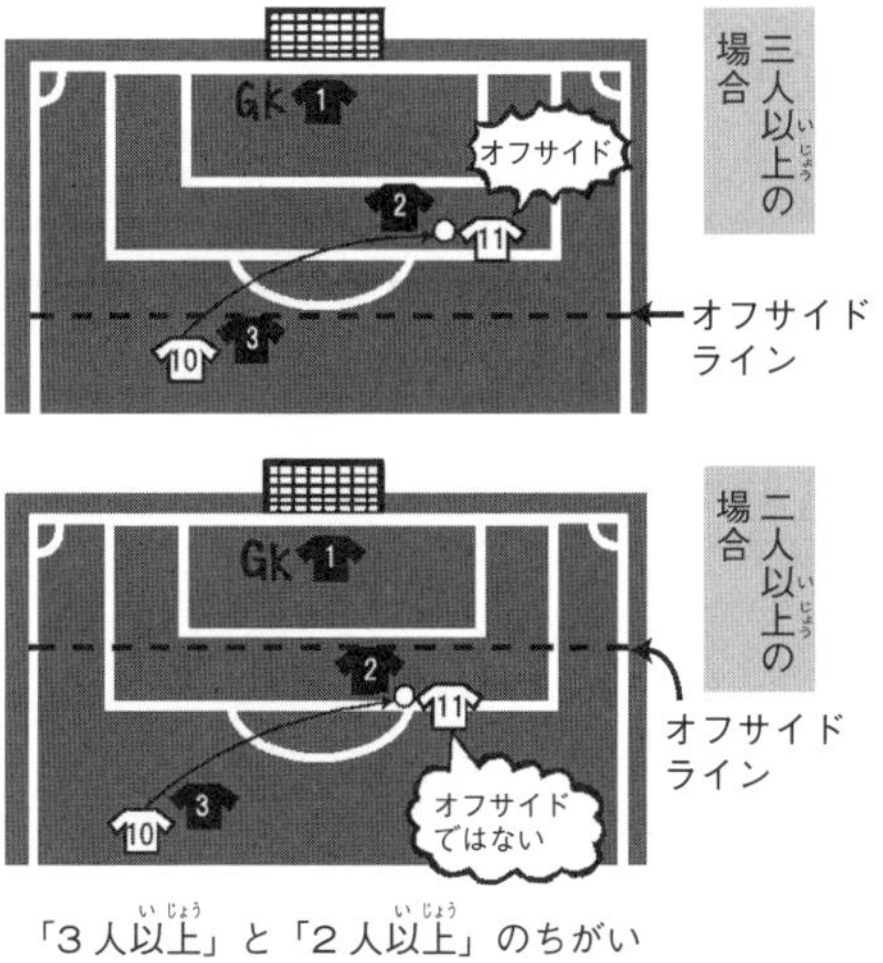

「3人以上《いじょう》」と「2人以上《いじょう》」のちがい

駅伝《えきでん》は、いつから始《はじ》まったの？

いくつかの区間《くかん》に分けられた長距離《ちょうきょり》を、チームでたすきを受《う》けわたして走るのが、駅伝競走《えきでんきょうそう》。略《りゃく》して駅伝《えきでん》です。

日本生まれのこの競技《きょうぎ》が始《はじ》まったのは、一九一七年のことでした。

この年、首都《しゅと》が京都《きょうと》から東京《とうきょう》に移《うつ》されてちょうど五十年目になるのを記念《きねん》して、読売新聞社《よみうりしんぶんしゃ》が、あるイベントを企画《きかく》しました。

京都《きょうと》から東京《とうきょう》までのおよそ五百キロメートルを二十三の区間《くかん》に分け、東西の二つのチームがリレー形式《けいしき》で走る競走会《きょうそうかい》を行いました。これが駅伝《えきでん》の始《はじ》まりです。

競走会《きょうそうかい》の名前は「東海道駅伝徒歩競走《とうかいどうえきでんとほきょうそう》」としました。江戸時代《えどじだい》、「東海道五十三次《とうかいどうごじゅうさんつぎ》」といって、江戸《えど》（今の東京《とうきょう》）の日本橋《にほんばし》と、京都《きょうと》の三条《さんじょう》大橋《おおはし》を結《むす》ぶ東海道《とうかいどう》に、五十三の宿場《しゅくば》が整備《せいび》されました。その宿場《しゅくば》に、人やウマが待《ま》っていて、旅人《たびびと》や荷物《にもつ》や手紙を、次《つぎ》の宿場《しゅくば》へ送《おく》ったことを「駅伝《えきでん》」といいます。まさに競走会《きょうそうかい》にぴったりの命名《めいめい》でした。

日本初《はつ》の、そして世界初《せかいはつ》の駅伝《えきでん》は、四月二十七日午後二時に、京都《きょうと》の三条大橋《さんじょうおおはし》をスタート。

昼夜通して行われました。

とちゅう、静岡県《しずおかけん》の浜名湖《はまなこ》を船でわたりましたが、雨風がとても強く、両《りょう》チームの二選手《せんしゅ》は、船の帆柱《ほばしら》にからだを結《むす》びつけたほどでした。

最大《さいだい》の難所《なんしょ》、神奈川県《かながわけん》の箱根山《はこねやま》をこえたのは、二十八日の深夜《しんや》でした。選《せん》手《しゅ》たちは、たいまつに照《て》らされながら、真《ま》っ暗《くら》な山道をひた走りました。

そして、スタートから二日後の二十九日午前十一時半、東京上野《とうきょううえの》の不忍池《しのばずのいけ》のほとりに設《もう》けられたゴールに、東チームの最終走者《さいしゅうそうしゃ》が到着《とうちゃく》しました。数時間おくれで、西チームも見事完走《みごとかんそう》しました。

それから三年後の一九二〇年、「東海道徒歩駅伝競走《とうかいどうとほえきでんきょうそう》」の壮絶《そうぜつ》な「箱根《はこね》ごえ」からヒントを得《え》て生まれたのが、「東京箱根間往復大学駅伝競走《とうきょうはこねかんおうふくだいがくえきでんきょうそう》」です。「箱根駅伝《はこねえきでん》」として知られ、テレビ中継《ちゅうけい》もされるので、見たことのある人も多いでしょう。現在《げんざい》も毎年お正月に行われています。

なぜ、ドーピングは禁止《きんし》されているの？

オリンピックなどの大きなスポーツの大会があると、ドーピングがよく話《わ》題《だい》に上ります。ドーピングは世界中《せかいじゅう》の競技団体《きょうぎだんたい》が禁止《きんし》しています。ここでは、なぜドーピングがフェアプレー精神《せいしん》に反《はん》することなのか、考《かんが》えてみましょう。

ドーピングとは、「薬物《やくぶつ》を使《つか》って競技力《きょうぎりょく》を高めること」。治療《ちりょう》や健康維持《けんこういじ》のために使《つか》うはずの薬《くすり》を使《つか》い、筋肉《きんにく》の量《りょう》を増《ふ》やしたり、疲労《ひろう》を感《かん》じないように興奮状態《こうふんじょうたい》にさせたりなどして、競技《きょうぎ》の能力《のうりょく》を高めることをいいます。

今のスポーツは、能力《のうりょく》や技術《ぎじゅつ》が高くなり、選手《せんしゅ》ごとのレベルに差《さ》が出にくくなっています。ほかの選《せん》手《しゅ》より少しでもいい成績《せいせき》を出したいという思いからドーピングに手をそめる選手《せんしゅ》が出てきてしまうのです。

ではドーピングはなぜ禁止《きんし》されるのでしょう。その主《おも》な理由《りゆう》には、次《つぎ》のようなことがあげられます。

①選手《せんしゅ》の健康《けんこう》を害《がい》する　例《たと》えば筋肉増強剤《きんにくぞうきょうざい》の一つであるステロイド類《るい》が、肝臓《かんぞう》の機能《きのう》を低下《ていか》させたり高血圧症《こうけつあつしょう》の原因《げんいん》になっているなど、薬物《やくぶつ》が選手《せんしゅ》の健康《けんこう》に悪《わる》いえいきょうをあたえるからです。

②フェアでない　薬物《やくぶつ》を使《つか》うのと使《つか》わないのでは、それだけで競技能力《きょうぎのうりょく》に

差《さ》が出るため、不公平《ふこうへい》になるからです。

これ以外《いがい》にも、例《たと》えば子どもがまねをする危《き》険《けん》があるなど、社会に悪《わる》いえいきょうをあたえかねないこと、スポーツそのものをだめにしかねないことなどもドーピング禁止《きんし》の理由《りゆう》です。一生《いっしょう》けん命練習《めいれんしゅう》を積《つ》み、その競技《きょうぎ》に必要《ひつよう》なからだをつくりあげてきた選手《せんしゅ》が、薬物《やくぶつ》によって簡《かん》単《たん》にからだをつくった選手《せんしゅ》に負《ま》けるようなことがあってはいけません。こんなことが許《ゆる》されたら、スポーツの意味《いみ》そのものが問《と》われることになります。

また、ドーピングには、薬物《やくぶつ》の使用《しよう》のほかに、輸血《ゆけつ》によって血液《けつえき》の動《うご》きを活発《かっぱつ》にしたり、特定《とくてい》の遺伝子《いでんし》を筋肉《きんにく》に注射《ちゅうしゃ》したりすることもふくまれます。

では、ドーピング検査《けんさ》はどのように行われ、陽性《ようせい》（反応《はんのう》がはっきり出ること）になるなど、ドーピング違反《いはん》が発覚《はっかく》した場合、選手《せんしゅ》はどうなるでしょう。

検査《けんさ》は、選手《せんしゅ》に対《たい》してぬきうちで、尿《にょう》や血液《けつえき》を採取《さいしゅ》して行われます。このとき、まれに、薬物《やくぶつ》を使《つか》った記憶《きおく》がないのに、検査《けんさ》で陽性《ようせい》が出てしまうことがあります。これは、かぜ薬《ぐすり》やサプリメントにも薬物《やくぶつ》がふくまれるケースがあるためです。自分《じぶん》の尿《にょう》を他人《たにん》のものとすりかえて薬物検査《やくぶつけんさ》をパスしようとすることも、ドーピング違反《いはん》の対象《たいしょう》です。

ドーピング違反《いはん》が発覚《はっかく》すると、選手《せんしゅ》には罰則《ばっそく》が科《か》せられます。一定期間《いっていきかん》の大会出場停止《しゅつじょうていし》などの軽《かる》いものから、悪質《あくしつ》な場合には、生がいにわたってその競技《きょうぎ》から追放《ついほう》される重《おも》い罰則《ばっそく》があります。

とはいっても、病気《びょうき》のときには薬《くすり》は必要《ひつよう》です。このため、各競技団体《かくきょうぎだんたい》などでは、ドーピングに当たらない薬《くすり》のリストを作って注意《ちゅうい》を呼《よ》びかけています。

陸上競技《りくじょうきょうぎ》と競泳《きょうえい》の、びっくり世界記録《せかいきろく》

多くのスポーツ選手《せんしゅ》があこがれるのが、オリンピックで金メダルを取《と》ること。それと並《なら》んで、世界《せかい》記録《きろく》を打《う》ちたてることではないでしょうか。ここでは、陸上競技《りくじょうきょうぎ》と競泳《きょうえい》の、めずらしい世界記録《せかいきろく》や、記《き》録《ろく》にまつわるエピソードをしょうかいします。

最《もっと》も古《ふる》い陸上《りくじょう》の世界記録《せかいきろく》

現在《げんざい》の陸上《りくじょう》の世界記録《せかいきろく》の中で、最《もっと》も古い記録《きろく》は、女子八百メートル走の、一分五十三秒《びょう》二八です。ヤルミラ・クラトフビロバ選手《せんしゅ》（当時のチェコスロバキア）がこの記録《きろく》で走ったのは、一九八三年。世界記録《せかいきろく》が次《つぎ》つぎに破《やぶ》られる今もなお、この記録《きろく》は約《やく》四十年破《やぶ》られていません。

※記録《きろく》は、2019年10月1日現在《げんざい》のもの。

陸上世界記録《りくじょうせかいきろく》の更新回数世界一《こうしんかいすうせかいいち》

男子棒高《ぼうたか》とびのセルゲイ・ブブカ選手《せんしゅ》（一九九一年までソビエト連邦《れんぽう》、現在《げんざい》はウクライナ）は、自身《じしん》の世界記録《せかいきろく》を三十五回もこう新《しん》しました。一九九四年に記《き》録《ろく》した六・一四メートルは、室外《しつがい》では世《せ》界一《かいいち》の記録《きろく》です（室内《しつない》はフランスのラビレニ選手《せんしゅ》の六・一六メートルが世界記録《せかいきろく》）。「鳥人《ちょうじん》」と呼《よ》ばれたブブカ選手《せんしゅ》は、百メートルを十秒《びょう》二で走り、走《はし》り幅《はば》とびで八・二メートルをとぶなど、並《なみ》はずれた身体能力《しんたいのうりょく》の持《も》ち主《ぬし》でした。

競泳世界記録《きょうえいせかいきろく》の回数が世界一《せかいいち》

競泳《きょうえい》で最《もっと》も多くの世界記録《せかいきろく》を打《う》ち立てたのは、「水《みず》の怪物《かいぶつ》」と呼《よ》ばれるマイケル・フェルプス選手《せんしゅ》（アメリカ）です。バタフライや個人《こじん》メドレー、チームの一《いち》員《いん》としてのリレー種目《しゅもく》などで、世界記録《せかいきろく》を三十九回樹立《じゅりつ》しました。四百メートル個人《こじん》メドレーの記録《きろく》は、今も破《やぶ》られていません。

また、フェルプス選《せん》手《しゅ》はオリンピックで通算二十三個《こ》の金メダルをかく得《とく》。保有《ほゆう》するメダルの数も世界一《せかいいち》です。

世界《せかい》最速《さいそく》レースは百か二百か？

一九九六年アトランタ・オリンピックでは、陸上《りくじょう》男子二百メートル走でアメリカのマイケル・ジョンソン選手《せんしゅ》が十九秒《びょう》三二で優勝《ゆうしょう》。単純《たんじゅん》に二で割《わ》ると九秒《びょう》六六となり、同オリンピック百メートル走のカナダのドノバン・ベイリー選手《せんしゅ》の世界《せかい》記録《きろく》九秒《びょう》八四をこえました。

その十三年後、ジャマイカのウサイン・ボルト選手《せんしゅ》が百メートル走で九秒《びょう》五八、二百メートル走で十九秒《びょう》一九（二で割《わ》ると九秒《びょう》五九五）の記録《きろく》を出しました。

女子の記録《きろく》が世界一《せかいいち》!?

現在《げんざい》、陸上競技《りくじょうきょうぎ》と競泳《きょうえい》の世界記録《せかいきろく》の中で一つだけ、女子が男子を上回っている種目《しゅもく》があります。円盤投《えんばんな》げの世界記録《せかいきろく》は、男子の七四・〇八メートルに対《たい》して、女子は七六・八〇メートルです。ただし、女子と男子では投《な》げる円盤《えんばん》の重《おも》さと直径《ちょっけい》にちがいがあります。男子の円盤《えんばん》は二キログラムで直径《ちょっけい》二十二センチメートル。女子はその半分の一キログラムで、直径《ちょっけい》十八センチメートルです。

昔《むかし》のほうがいい記録《きろく》!? やり投《な》げ

一九八四年、男子やり投《な》げのウベ・ホーン選手《せんしゅ》（当時の東ドイツ）は、一〇四・八〇メートルの大記録《だいきろく》を樹立《じゅりつ》しました。しかし、やりの飛《と》びすぎは、ほかの競技者《きょうぎしゃ》に危険《きけん》をおよぼす可能性《かのうせい》があります。そのためルールが改正《かいせい》され、飛《ひ》距離《きょり》が約《やく》十パーセント短《みじか》くなるよう、やりの重心《じゅうしん》の位置《いち》が変《か》えられました。

新しいルールになってからの世界記録《せかいきろく》は、男女とも、それ以前《いぜん》の記録《きろく》に追《お》いついていません。

世界一《せかいいち》おそいマラソン記録《きろく》

一九一二年のオリンピック・ストックホルム（スウェーデン）大会に出場したマラソンの金栗四三選手《かなくりしそうせんしゅ》は、レース中にたおれ、民家《みんか》で手当てを受《う》けていてゴールしなかったため、大会の記録《きろく》は「行方《ゆくえ》不明《ふめい》」となっていました。

そこでストックホルム市は一九六七年、オリンピック開催《かいさい》五十五周年記念式典《しゅうねんきねんしきてん》に金栗氏《かなくりし》を招待《しょうたい》。ゴールのテープを切ってもらいました。タイムは五十四年八か月六日と五時間三十二分二十秒《びょう》三。こうして、世界一《せかいいち》おそいマラソン記録《きろく》ができたのです。

文・鶴川たくじ　絵・丸岡テルジロ　知ってびっくり！マーク・森 佳世

生《い》き物《もの》・自然《しぜん》の、なぜ？ どうして？

文・澤口たまみ
絵・なかさこかずひこ！

絶滅《ぜつめつ》しそうな生《い》き物《もの》を、助《たす》ける方法《ほうほう》はあるの？

ある種類《しゅるい》の生《い》き物《もの》が地球上《ちきゅうじょう》から死《し》にたえてしまうことを、絶滅《ぜつめつ》といいます。時代《じだい》をさかのぼると、長い間に多くの生《い》き物《もの》が絶滅《ぜつめつ》しています。例《たと》えば、今から約《やく》六千六百万年前の白亜紀《はくあき》という時代《じだい》の末《すえ》には、それまで栄《さか》えていた恐竜《きょうりゅう》やアンモナイトが、とつぜん姿《すがた》を消《け》してしまいました。その理由《りゆう》としては、小惑星《しょうわくせい》のしょうとつや火山のふん火による環境《かんきょう》の激《はげ》しい変化《へんか》、気候《きこう》の変《へん》化《か》など、さまざまな説《せつ》があります。

いっぽう、最近《さいきん》では、人間のさまざまな活動《かつどう》が、多くの生《い》き物《もの》の絶滅《ぜつめつ》の原因《げんいん》になっています。

トキは、その学名を「ニッポニア・ニッポン」といい、日本を代表《だいひょう》する鳥とされていました。かつては日本全国《ぜんこく》で見られましたが、明治時代《めいじじだい》になって、人びとが肉を食べるようになると、つかまえられて姿《すがた》を消《け》していきました。一九六七年には、佐渡島《さどがしま》にトキ保護《ほご》センターがつくられ、一九八一年には、わずかに生きのこった五羽をつかまえて飼育《しいく》し、人の手で増《ふ》やそうとしましたが、二〇〇三年十月十日、最後《さいご》の一羽、キンが死亡《しぼう》し、日本産《さん》のトキは絶滅《ぜつめつ》しました。

日本ではそのほか、ニホンオオカミやエゾオオカミ

などが、絶滅《ぜつめつ》しています。

現在《げんざい》の日本には、植物《しょくぶつ》と動物《どうぶつ》を合わせて、約《やく》九万八千種《しゅ》、まだ知られていないものもふくめると、約《やく》三十万種《しゅ》以上《いじょう》の生《い》き物《もの》がいるとされています。二〇一九年に環境省《かんきょうしょう》から発表《はっぴょう》された情報《じょうほう》では、そのうち千四百十種類《しゅるい》の動物《どうぶつ》と、二千二百六十六種類《しゅるい》の植物《しょくぶつ》、合わせて三千六百七十六種類《しゅるい》が、絶滅《ぜつめつ》のおそれがある「絶滅危惧種《ぜつめつきぐしゅ》」に指定《してい》されています。

これらの生《い》き物《もの》を助《たす》けるため、さまざまな取《と》り組《く》みが行われています。大切なことは、絶滅《ぜつめつ》しそうな生《い》き物《もの》のすみかがこわされるのを、できるだけ防《ふせ》ぐことです。すでにこわれたり、こわれかけているところでは、積極的《せっきょくてき》にすみやすい環境《かんきょう》をつくる方法《ほうほう》もあるでしょう。

ゲンジボタルは、全国《ぜんこく》でその数が減《へ》り、さかんに保護活動《ほごかつどう》が行われている昆虫《こんちゅう》です。ゲンジボタルが生きていくためには、幼虫《ようちゅう》のすみかとなるきれいな水の流《なが》れと、幼虫《ようちゅう》が食べるカワニナという巻《ま》き貝《がい》、サナギになるための自然《しぜん》のままの岸辺《きしべ》が必要《ひつよう》です。また、ホタルのオスとメスは、おたがいに光ることで出合い、交《こう》尾《び》、産卵《さんらん》をします。そのため、あたりに交《こう》信《しん》のさまたげとなる、まちの明かりや車のヘッドライトなど、人工《じんこう》の光がないことも重要《じゅうよう》です。

守《まも》ろうとする生《い》き物《もの》にとって、すみやすい環境《かんきょう》とは具体的《ぐたいてき》にどのようなものなのか、きちんと知ることが大切でしょう。

魚の耳は、どこにあるの？

そもそも耳とは、どんな働《はたら》きをしている器官《きかん》なのでしょう。
人間の場合、耳は「外耳《がいじ》」と「中耳《ちゅうじ》」、そして「内耳《ないじ》」とに分かれていま
す。外耳《がいじ》は、外から見える部分《ぶぶん》から、音による空気の振動《しんどう》を感《かん》じとる、こま
くの前までで、中耳《ちゅうじ》には、こまくと、こまくで感《かん》じた振動《しんどう》を内耳《ないじ》に伝《つた》える小
さな骨《ほね》、耳小骨《じしょうこつ》があります。内耳《ないじ》には、音による振動《しんどう》を脳《のう》に伝《つた》えるしくみが
あります。

ところで内耳《ないじ》にはもう一つ、大切な働《はたら》きがあるのです。それは、からだの回転《かいてん》や向《む》きを感《かん》じとることです。そのため内耳《ないじ》を悪《わる》くすると、人はからだのバランスを取《と》ることができず、めまいを起《お》こしてしまいます。

このような耳の働《はたら》きを知ったうえで、魚にとっての耳はどこなのかを、考えてみます。

魚には、人間にあるような、音を集《あつ》める部分《ぶぶん》はありません。しかし、からだに伝《つた》わった音の振動《しんどう》を、頭の中の、脳《のう》に近いところにある内耳《ないじ》で、感《かん》じとっています。

これは、魚が水の中で暮《く》らしていることと、関係《かんけい》があります。空気と水の音の伝《つた》わりやすさを比《くら》べると、水のほうが、空気よりも四倍《ばい》も速《はや》く音が伝《つた》わ

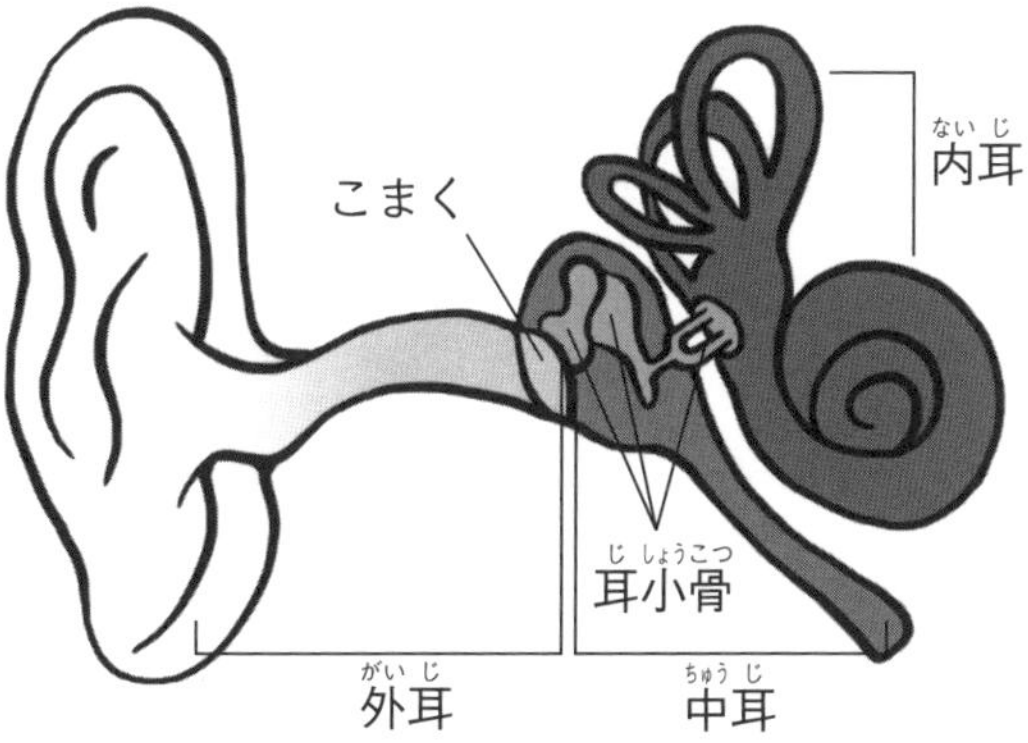

人間の耳のつくり

り、また遠《とお》くまで音が届《とど》くことがわかっています。そのため魚には、人間の耳のように音を集《あつ》める部分《ぶぶん》がなくても、音が伝《つた》わるのです。

魚の内耳《ないじ》は、液体《えきたい》のつまった小部屋《こべや》のようなもので、中には「耳石《じせき》」という石が入っています。魚が動《うご》くと、耳石《じせき》も内耳《ないじ》の中で動《うご》きます。その動《うご》きは脳《のう》に伝《つた》わって、魚はからだのかたむきなどを感《かん》じとります。からだが大きくゆれると、内耳《ないじ》の中で耳石《じせき》が激《はげ》しく転《ころ》がり、魚もめまいを起《お》こします。

　しかも、コイやフナの仲間《なかま》は内耳《ないじ》から骨《ほね》が出ていて、うき袋《ぶくろ》につながっています。うき

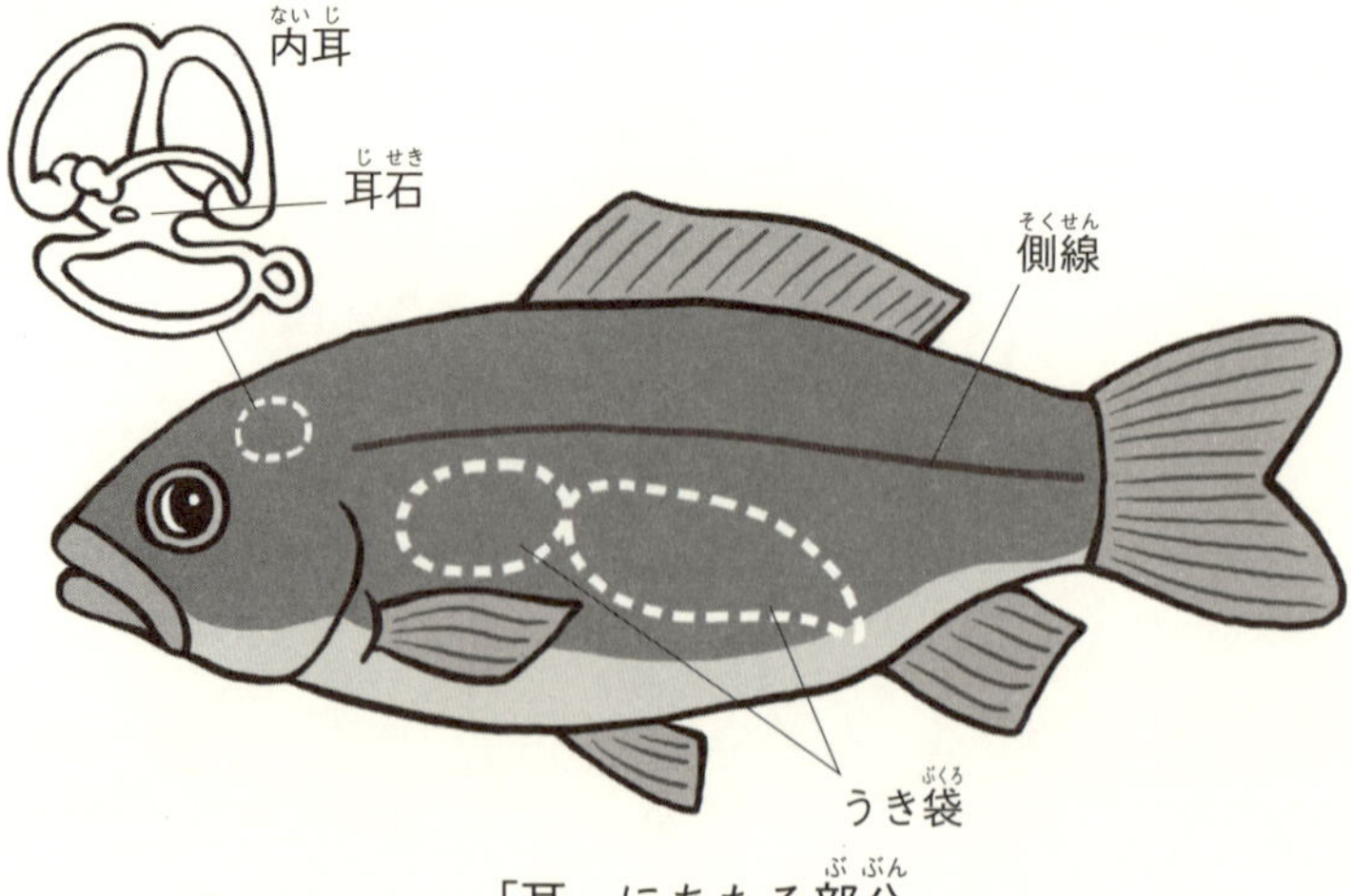

「耳」にあたる部分《ぶぶん》

袋《ぶくろ》は、おなかの内側《うちがわ》にある、空気やガスのつまった袋《ふくろ》です。魚は、うき袋《ぶくろ》のふくらみを調節《ちょうせつ》して、うかんだりしずんだりしています。このうき袋《ぶくろ》は、空気やガスがつまっていることから、からだに伝《つた》わった音がひびきやすくなっています。内耳《ないじ》とうき袋《ぶくろ》を骨《ほね》でつなぐことによって、フナやコイは、よりびん感《かん》に、からだに伝《つた》わった音を感《かん》じとっているのです。

さらに、魚にはもう一つ、耳と同じ働《はたら》きをする部分《ぶぶん》があります。こちらは、からだの外にあるので、わたしたちも実際《じっさい》に見ることができます。魚のからだの、えらのあたりから尾《お》に向《む》かって、点てんとつながった線があるのがわかるでしょう。それが「側線《そくせん》」という器官《きかん》です。

側線《そくせん》の点は、一つひとつ小さな穴《あな》になっていて、主《おも》に水の流《なが》れや、深《ふか》さによる水圧《すいあつ》の変化《へんか》などを感《かん》じています。もちろん、音による水の振動《しんどう》も感《かん》じとりますから、魚にとっての耳といってもよいでしょう。

サケは、どうやって生まれた川に、もどってくるの？

サケは、日本では、主《おも》に北海道《ほっかいどう》や東北地方《とうほくちほう》の川で生まれる魚です。その一生のほとんどを、遠く日本をはなれて、北太平洋《きたたいへいよう》の冷《つめ》たい海で過《す》ごします。オキアミやイワシ、サンマなどを食べながら、ベーリング海やアラスカ湾《わん》のほうまで旅《たび》をするのです。サケが一生に移動《いどう》する距離《きょり》は、一万キロ

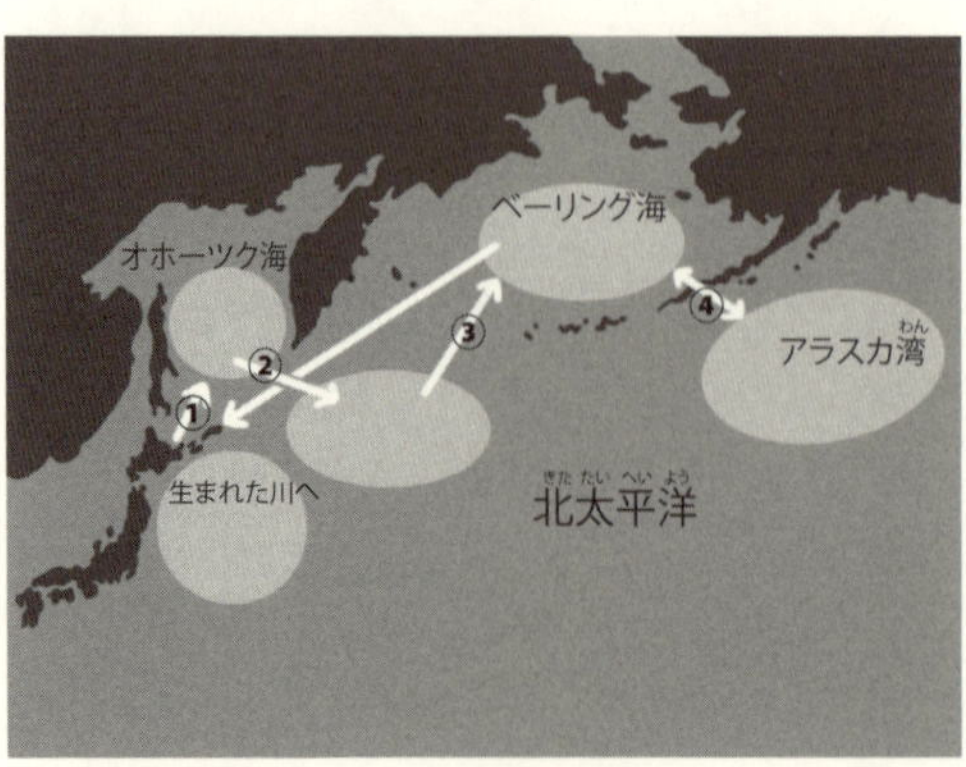

サケの移動《いどう》ルート（①～③と移動《いどう》し、季節《きせつ》によって④を移動《いどう》し、4年後の9月～12月に生まれた川にもどります。）

メートルになるといわれます。

四年目の秋、体長七十～百センチメートルに成長《せいちょう》したサケは、生まれた川へと帰ります。川をさかのぼり、上流《じょうりゅう》にたどりつくころには、からだは川底《かわぞこ》の石で傷《きず》つき、ぼろぼろになっています。最後《さいご》の力をふりしぼって、メスが産《う》んだ卵《たまご》に、オスが精子《せいし》をかけ、やがて静《しず》かにその命《いのち》を終《お》えます。

二か月ほどでふ化《か》した稚魚《ちぎょ》は、春までには五～六センチメートルの大きさになって、雪解《ど》け水とともに海へと下ります。そして四年後には、また同じ川へともどってくるのです。

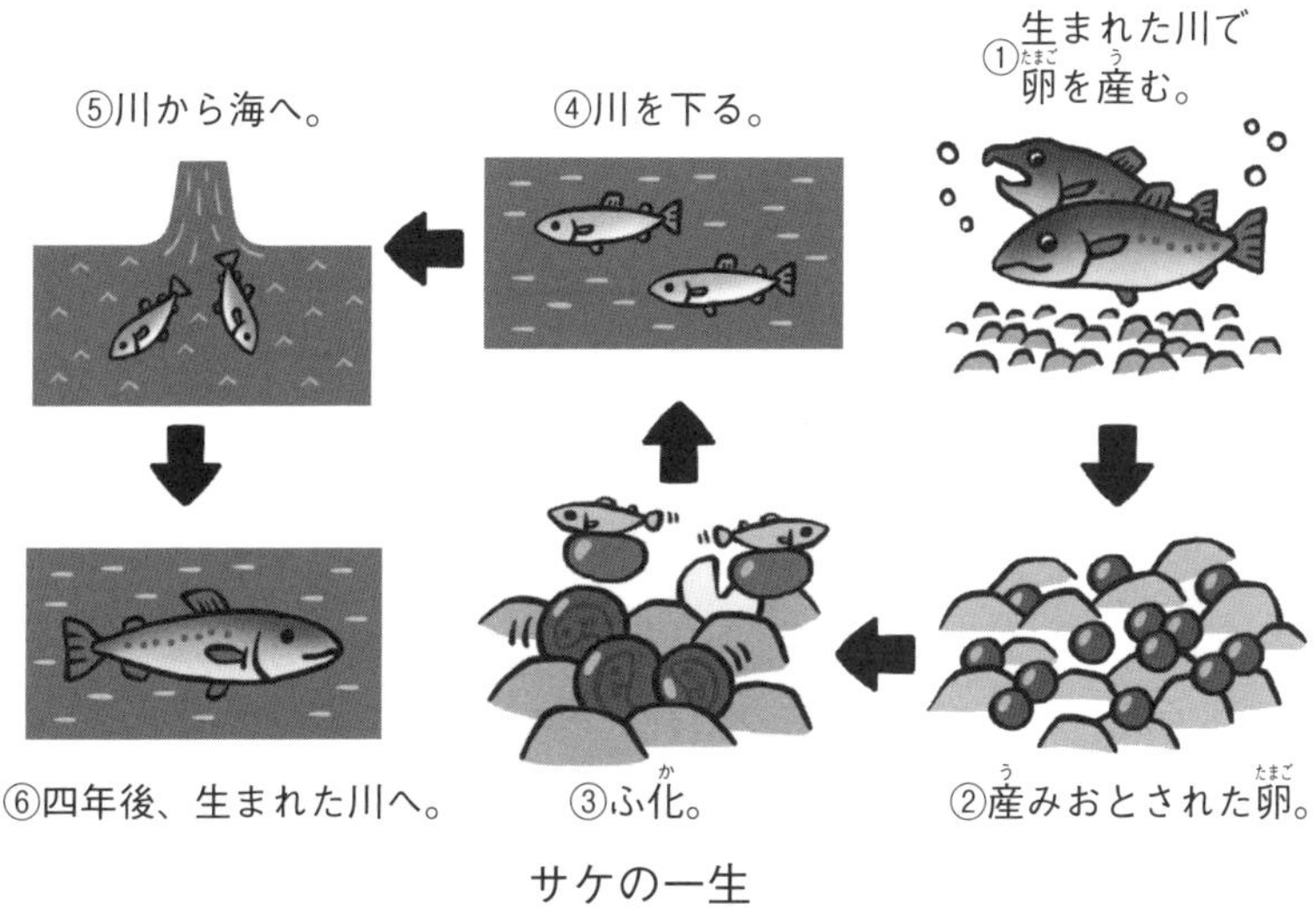

サケの一生

多くの学者《がくしゃ》が、サケが自分の生まれた川に帰ってくるなぞを解《と》こうと、研《けん》究《きゅう》を重《かさ》ねてきました。そして、今ではサケは自分が旅立《たびだ》った川の「におい」を覚《おぼ》えているのだと考えられています。

けれども、それだけでは説明《せつめい》がつきません。遠く北太平洋《きたたいへいよう》の海まで行ったサケが、日本の海にもどってこられるのは、なぜなのでしょう。このなぞについては、これまでに「太陽《たいよう》コンパス説《せつ》」、「磁気《じき》コンパス説《せつ》」など、いくつかの説《せつ》が出されています。

太陽《たいよう》コンパス説《せつ》とは、太陽《たいよう》の方向《ほうこう》や高さから、自分がいる場所《ばしょ》を割《わ》りだす方法《ほうほう》です。この方法《ほうほう》を使《つか》っている生《い》き物《もの》として有名《ゆうめい》なのはミツバチで、巣《す》から食《た》べ物《もの》のある場所《ばしょ》へと、迷《まよ》わずに行き来するために、太陽《たいよう》の位置《いち》を手がかりにしています。

また磁気《じき》コンパス説《せつ》とは、人間が方位磁石《ほういじしゃく》を使《つか》って方角《ほうがく》を知るのと同じ方《ほう》法《ほう》です。例《たと》えばハトは、長い距離《きょり》を飛《と》んで巣《す》にもどりますが、からだの中に、磁石《じしゃく》と同じ働《はたら》きをする部分《ぶぶん》があり、晴れた日には太陽《たいよう》コンパス、くもった日には磁気《じき》コンパスを使《つか》うと考えられています。

おそらく、サケも、太陽《たいよう》コンパスと磁気《じき》コンパスを組みあわせて、長い旅《たび》をしているのでしょう。もちろん、決《き》まった向《む》きに流《なが》れる海流《かいりゅう》も、進《すす》む方向《ほうこう》を定《さだ》める大きな手がかりです。最《さい》近《きん》では、ふるさとの川に近い陸《りく》の景色《けしき》も、手がかりの一つではないかといわれています。

ハトはお乳《ちち》で子育《こそだ》てするって、ほんとう？

お乳《ちち》は、人間をはじめイヌやネコなど、ほ乳類《にゅうるい》のメスがおっぱいから出して、生まれた子どもに飲《の》ませるものです。鳥類《ちょうるい》には、おっぱいがなく、ほ乳《にゅう》類《るい》と同じようなお乳《ちち》は出ません。ですから、鳥類《ちょうるい》はひなが生まれると、せっせと巣《す》に食《た》べ物《もの》を運《はこ》んで食べさせます。

ひながすくすくと育《そだ》つには、血《ち》や肉《にく》のもとになるたんぱく質《しつ》が必要《ひつよう》です。たんぱく質《しつ》は、草《くさ》の実《み》などの植物《しょくぶつ》よりも、虫などの動物《どうぶつ》のからだに多くふくまれています。そのため、ふだんは草《くさ》の実《み》を食べている鳥でも、子育《こそだ》てをしている間は、たくさん虫をつかまえてひなに食べさせます。

けれどもハトは、のどの下にある「そのう」というところで、たんぱく質《しつ》の豊富《ほうふ》な「ピジョンミルク」と呼《よ》ばれるものをつくり、はきもどして、ひなにあたえることができます。ピジョンは、英語《えいご》でハトのことです。

ピジョンミルクは、お乳《ちち》のような白っぽい液《えき》で、少ないものでも十二パーセントほどのたんぱく質《しつ》がふくまれています。ウシのお乳《ちち》、つまり牛乳《ぎゅうにゅう》のたんぱく質《しつ》は約《やく》三パーセント、

人間のお乳《ちち》は約《やく》一パーセントですから、ピジョンミルクのたんぱく質《しつ》が、とてもこいことがわかります。脂肪分《しぼうぶん》も九パーセントほどと、ウシや人間のお乳《ちち》の三倍《ばい》です。

このように、ほ乳類《にゅうるい》のお乳《ちち》とは少しちがっていますが、ハトは、お乳《ちち》で子育《こそだ》てをする鳥だといってよいでしょう。

ピジョンミルクは、卵《たまご》からひながかえる二日ほど前からつくられはじめ、二週間の子育《こそだ》て中、ひなにあたえられます。このミルクは、メスだけでなく、オスもつくってあたえることができます。

虫をひなにあたえて子育《こそだ》てをする鳥は、春から秋の、虫の多い季節《きせつ》にしか子育《こそだ》てができません。

ところがハトは、たんぱく質《しつ》がたっぷりと入ったピジョンミルクで育《そだ》てるので、虫が少なくなる秋の終《お》わりなどにも、子育《こそだ》てをすることができます。

このようなお乳《ちち》で子育《こそだ》てをする鳥《とり》は、ハトのほかにフラミンゴが知られています。こちらは「フラミンゴミルク」と呼《よ》ばれていますが、ピジョンミルクとはちがって、真《ま》っ赤《か》な色をしています。

フラミンゴのからだのピンク色は、実《じつ》は、食べているプランクトンの赤い色素《しきそ》によるものです。その色のもとが、フラミンゴミルクにもふくまれています。フラミンゴのひなは、生まれたばかりは白い色をしていますが、赤い色素《しきそ》を持《も》つプランクトンなどを食べるようになって何年かするうちに、少しずつピンク色になっていきます。

バクテリアとウイルスは、どうちがうの？

生《い》き物《もの》に病気《びょうき》を起《お》こす原因《げんいん》となっているものを、「病原体《びょうげんたい》」といいますが、主《おも》な病原体《びょうげんたい》には、ウイルスとバクテリアがあります。例《たと》えばインフルエンザは、インフルエンザウイルスが原因《げんいん》になっていますね。そして、食中毒《しょくちゅうどく》を起《お》こすことのある大腸菌《だいちょうきん》やサルモネラ菌《きん》は、バクテリアです。

このように、どちらも病気《びょうき》の原因《げんいん》になるウイルスとバクテリアですが、大きさはずいぶんちがいます。ウイルスのほうがずっと小さく、人間を地球《ちきゅう》と同じ大きさとしたとき、バクテリアはだいたいクジラほどの大きさで、ウイルスは大きなものでイヌ、小さなものでネズミぐらいの大きさです。

生《い》き物《もの》のからだは、たくさんの「細《さい》胞《ぼう》」が集《あつ》まってできています。細胞《さいぼう》には、「遺伝子《いでんし》」があります。遺伝子《いでんし》は、細胞《さいぼう》の「設計図《せっけいず》」のようなものです。細胞《さいぼう》は、「細胞分裂《さいぼうぶんれつ》」で分かれて、増《ふ》えていきます。

バクテリアは、一つの細胞《さいぼう》で生きている生《い》き物《もの》です。そのためバクテリアは、

自分で二つに分かれたりして、増《ふ》えていくことができます。

いっぽうウイルスは、自分で増《ふ》えることができません。ウイルスはとても小さく、遺伝子《いでんし》は持《も》っていますが、自分と同じものをつくるためのしくみや材料《ざいりょう》を持《も》っていないのです。そこでウイルスは、ほかの生《い》き物《もの》の細胞《さいぼう》に入りこんだり、遺伝《いでん》子《し》を送《おく》りこんだりして、その細胞《さいぼう》のしくみや材料《ざいりょう》を使《つか》って、自分と同じものをつくらせてしまいます。ウイルスに入りこまれた細胞《さいぼう》は、やがて増《ふ》えたウイルスに

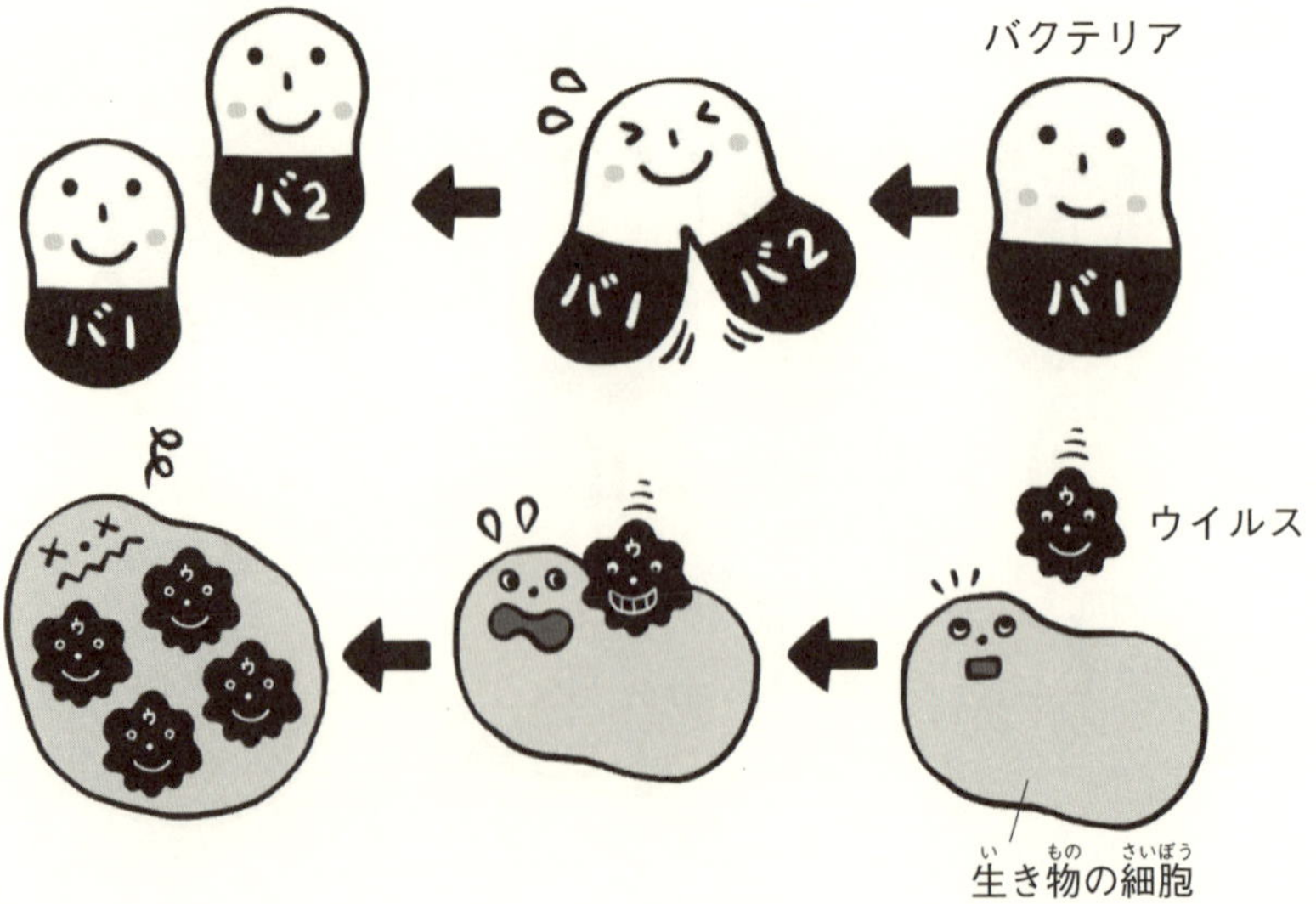

より、こわれてしまいます。ウイルスはバクテリアを殺《ころ》すこともあります。

人間のからだには、すでにわかっているだけで、二千種類《しゅるい》ものバクテリアがすんでいます。一番多いのは腸《ちょう》で、五百〜千種類《しゅるい》。次《つぎ》に多いのが口の中で、五百種類《しゅるい》以上《いじょう》。さらに皮《ひ》ふに、数百種類《しゅるい》がいます。まだ見つかっていないバクテリアもたくさんあると考えられるため、この数は、もっと増《ふ》えるでしょう。

人のからだにすむバクテリアは、役《やく》に立っているものもあれば、たんに、すみついているものもあり、何かのひょうしに、病原体《びょうげんたい》になってしまうものもいるのです。

ただ、バクテリアのうち、病原体《びょうげんたい》となるものはほんの少しで、むしろ、人の役《やく》に立っているものが多いのです。主《おも》に腸内《ちょうない》にすみ、おなかを守《まも》る働《はたら》きをしている乳酸菌《にゅうさんきん》は、牛乳《ぎゅうにゅう》からヨーグルトやチーズを作るのにも使《つか》われているバクテリアです。

また、わらなどについている納豆菌《なっとうきん》は、その名のとおり、納豆《なっとう》を作るのに使《つか》われています。納豆《なっとう》のねばねばは、納豆菌《なっとうきん》がつくりだしているものですが、このねばねばには、水中のよごれを吸《す》いとる働《はたら》きがあり、五百グラムのねばねばで、およそ五トンの水をきれいにすることができます。

太陽《たいよう》が照《て》っているのに、宇宙《うちゅう》はなぜ暗《くら》いの？

宇宙船《うちゅうせん》からとられた宇宙空間《うちゅうくうかん》の写真《しゃしん》は、たしかに真《ま》っ暗《くら》です。地球上《ちきゅうじょう》から空を見るのとは、ちがいますね。

わたしたちの目には、さまざまな物《もの》が見えています。けれども、暗《くら》いところでは、はっきりと物《もの》を見ることができませんね。物《もの》が見えるためにはまず、光が必要《ひつよう》です。光が物《もの》に当たってはねかえり、その光が目に届《とど》いて、わたしたちは初《はじ》めて、物《もの》を見ることができるのです。

太陽《たいよう》の光はとう明に見えますが、実《じっ》際《さい》には、いろいろな色の光が混《ま》じっています。そのことは、太陽《たいよう》の光が分かれてできたにじが、七色に見えることからもわかります。物《もの》に色がついて見えるのは、その物体《ぶったい》が、その色の光をはねかえしている、ということです。

では、晴れた日の空が、青く見えるのはどうしてでしょう。実《じつ》は空には、何もないように見えて、空気のつぶがたくさんうかんでいるのです。そのつぶの一つひとつが、太陽《たいよう》の光をはねか

えしています。空気のつぶは、青い光をより多くはねかえすため、空は青く見えているのです。

ところが星と星の間の宇宙空間《うちゅうくうかん》には、何もありません。空気のつぶもありません。たしかに太陽《たいよう》の光は照《て》っていますが、その明るさをわたしたちが感《かん》じるには、何かの物《もの》に光が当たり、はねかえされることが必要《ひつよう》です。宇宙空《うちゅうくう》間《かん》には、光をはねかえす物《もの》がまったくないので、あたりは真《ま》っ暗《くら》に見えます。宇宙船《うちゅうせん》からとられた地球《ちきゅう》の写真《しゃしん》を見ると、真《ま》っ暗《くら》な宇宙空間《うちゅうくうかん》に、青あおとした水の惑星《わくせい》が、かがやきながらうかんでいます。地球《ちきゅう》が太陽《たいよう》の光をはねかえしているので、地球《ちきゅう》はあんなにも美《うつく》しく見えるのです。

宇宙《うちゅう》でも、「星雲《せいうん》」と呼《よ》ばれる、雲のようにかがやく場所《ばしょ》があります。星の近くにガスがたくさんあり、それが光をはねかえしているのです。

（宇宙《うちゅう》には、星がたくさんあるのだから、もう少し明るくならないの？）

そう思う人もいるかもしれませんね。たしかに、宇宙《うちゅう》には星がたくさんありますが、宇宙《うちゅう》はそれ以上《いじょう》に広く、星と星の距離《きょり》は、とてもはなれていて、その間には、ほとんど何もありません。ですから、たくさんの星が光っているように見えても、宇宙全体《うちゅうぜんたい》が明るく光るようなことはないのです。

もっと 知《し》りたいきみへ

「身近《みぢか》なぎもん」について、もっと知りたくなった人は、
おうちの方《かた》といっしょに以下《いか》のウェブサイトを見てみましょう。
さらに新しい発見《はっけん》があるかもしれません。

参議院《さんぎいん》キッズページ https://www.sangiin.go.jp/japanese/kids/html/himitsu/index.html

国会のしくみと、法律《ほうりつ》ができるまでのことがわかりやすく説明《せつめい》されています。

KIDS《キッズ》外務省《がいむしょう》 https://www.mofa.go.jp/mofaj/kids/index.html

外務省《がいむしょう》の子ども向《む》けウェブサイト。「ヒツジの頭数の多い国は?」「バナナの生産量《せいさんりょう》の多い国は?」など、おもしろランキングや、外国の学校がどんな様子《ようす》なのかがわかります。

NEDO《ネド》キッズページ https://www.nedo.go.jp/kids/

自然《しぜん》エネルギーについて、わかるウェブサイト。「バイオマス発電島《はつでんじま》」や「風力発電島《ふうりょくはつでんじま》」をめぐりながら、アニメで楽しく自然《しぜん》エネルギーのことを学習《がくしゅう》しましょう。

財務省《ざいむしょう》キッズコーナー ファイナンスらんど
https://www.mof.go.jp/kids/2018/

財務省《ざいむしょう》の子ども向《む》けウェブサイト。はっぴぃ★タウンの住人《じゅうにん》たちといっしょに、税《ぜい》がどんなものなのかを調《しら》べにいきます。

宇宙科学研究所《うちゅうかがくけんきゅうじょ》キッズサイト ウチューンズ
https://www.kids.isas.jaxa.jp/

宇宙科学研究所《うちゅうかがくけんきゅうじょ》の子ども向《む》けウェブサイト。宇宙《うちゅう》のことがわかる画像《がぞう》や動画《どうが》、宇《う》宙《ちゅう》に関《かか》わる仕事《しごと》をしている人たちのことなど、くわしくわかります。

学研《がっけん》キッズネット https://kids.gakken.co.jp/

学研《がっけん》の子ども向《む》けウェブサイト。さまざまな調《しら》べ物《もの》などに役立《やくだ》ちます。ぜひ、のぞいてみてくださいね。

※この情報《じょうほう》は、2019年10月1日現在《げんざい》のものです。

おうちの方へ

総合監修／西東京市立けやき小学校副校長　三田 大樹

○○○

ある日の、クラス内での話し合いのあと。ある子どもが、

「今日の話し合いは、ラグビーみたいだった。」

と、振りかえりました。私が、「どうしてそう思うの？」とたずねると、
その子は、

「いろいろな考えが出てくると、まとまらなくて後もどりするような気がする。でも、じつは違う。一歩一歩、着実に前進しているんだ。」

その子の発言に、まわりの子どもたちも「なるほど！」と納得の表情を浮かべました。

この話し合いの成功の鍵は、子どもたちが、自分の考えや思いを内面に留めず、積極的にアウトプットしたことです。そして、話を真剣に受けとめてくれる友だちの存在があったからです。そうすることで、お互いに考えが触発され、友だちの考えと比較したり、関連づけたり

しながら、クラス全体でよりよい考えへと練り上げていくことができました。

六年生になると、論理的な思考力が一段と高まり、根拠を明らかにした話し合いができるようになってきます。今こそ、お子さんのよき話し相手になってはいかがでしょうか。そして、もう一歩ふみこんで、お父さん、お母さんの興味ある話題にお子さんを引きこんではいかがでしょうか。難しくてわからないだろうときめつけずに、「自分はこう思うのだけれど、あなたはどう思う？」と問いかけてください。はじめは、とまどうかもしれませんが、自分の考えを持つことのよさや、世の中には、多様な考えがあることに気づいていくことでしょう。

本書には、「放射能」や「自然エネルギー」など、大人も知りたくなるような話題がたくさんあります。日本の未来について親子で語り合うなんて、素敵なことだと思いませんか。子どもに必要なのは、自分の考えや思いをアウトプットできる相手の存在です。そして、最高の話し相手は、やはり親なのだと思います。

三田 大樹（みた　ひろき）
1971年生まれ。1995年より東京都杉並区、新宿区の小学校教員を勤める。2010年度、勤務する新宿区立大久保小学校において、地域社会に参画する態度を育てる教育指導により、東京新聞教育賞を受賞。小学校学習指導要領（平成29年告）解説「総合的な学習の時間編」専門的作業等協力者。R2評価規準・評価方法等の工夫改善等に関する調査研究協力者。「次世代の教育情報化推進事業（小学校プログラミング教育のため指導事例の創出等に関する調査研究）」協力者。日本生活科・総合的学習教育学会常任理事。

総合監修　西東京市立けやき小学校副校長　三田大樹

指導　医療法人社団たがみ小児科院長　田上尚道（からだ）　動物科学研究所所長　今泉忠明（生き物）
秀明大学教授　大山光晴（自然）

表紙絵　スタジオポノック／百瀬義行　© STUDIO PONOC

装丁・デザイン　株式会社マーグラ（香山大　鈴木智捺）

協力　アンケートに答えてくださったみなさん / 東京都選挙管理委員会事務局 / 模擬選挙推進ネットワーク / 塚本哲生 / 株式会社三井住友銀行 / 日本赤十字社 / 文化庁記念物課 / 日清食品ホールディングス株式会社 / 株式会社ルネ・ヴァン・ダール研究所

参考文献　『世界遺産ふしぎ探検大図鑑　増補版』（小学館）/『図解雑学　流体力学』（ナツメ社）/『サッカーのこと知ってますか?』（新潮社）/『スポーツのあゆみ』（ポプラ社）/『シーベルトの生涯』（考古堂書店）/『占いの謎──いまも流行るそのわけ』（文藝春秋社）/『日本人のひるめし』（中央公論新社）/『日本が生んだ世界食！　インスタントラーメンのすべて』（日本食糧新聞社）

＊疑問の内容によっては、諸説あるものがあります。この本では、そのうちお子さまに適切だと思われる説を採用、説明しております。
また、本文中の挿絵などで、記録が正確に残っていないものに関しては、理解しやすいように、独自に描き起こしている部分があります。
＊本書は、『なぜ？ どうして？ 身近なぎもん　6年生』（2011年刊）を増補改訂したものです。

よみとく10分

なぜ？ どうして？ 身近なぎもん　6年生

2011年12月13日　第1刷発行
2019年12月17日　増補改訂版第1刷発行

発行人　松村広行
編集人　小方桂子
企画編集　西田恭子　井上茜　矢部絵莉香
編集協力　勝家順子 / グループ・コロンブス
発行所　株式会社 学研プラス
〒141-8415　東京都品川区西五反田 2-11-8
印刷所　大日本印刷株式会社

この本に関する各種お問い合わせ先
• 本の内容については　Tel 03-6431-1615（編集部直通）
• 在庫については　Tel 03-6431-1197（販売部直通）
• 不良品（落丁、乱丁）については　Tel 0570-000577（学研業務センター）
〒354-0045 埼玉県入間郡三芳町上富 279-1
• 上記以外のお問い合わせは　Tel 03-6431-1002（学研お客様センター）

【お客さまの個人情報取り扱いについて】
アンケートハガキにご記入いただいてお預かりした個人情報に関するお問い合わせは、株式会社学研プラス 幼児・児童事業部（Tel.03-6431-1615）までお願いいたします。当社の個人情報保護については、当社ホームページ https://gakken-plus.co.jp/privacypolicy をご覧ください。

学研の書籍・雑誌についての新刊情報・詳細情報は、下記をご覧ください。
学研出版サイト　https://hon.gakken.jp/